UNIVERSIDADE FEDERAL DE SANTA MARIA
CENTRO DE CIÊNCIAS SOCIAIS E HUMANAS
CURSO DE DIREITO

Letícia Brum Kabbas

O USO DE ANIMAIS EM RITUAIS RELIGIOSOS NO BRASIL: O (APARENTE) CONFLITO ENTRE A DIGNIDADE ANIMAL E A LIBERDADE RELIGIOSA SOB A ÓTICA DA CONSTITUIÇÃO FEDERAL DE 1988

Santa Maria, RS

2017

Letícia Brum Kabbas

O USO DE ANIMAIS EM RITUAIS RELIGIOSOS NO BRASIL: O (APARENTE)
CONFLITO ENTRE A DIGNIDADE ANIMAL E A LIBERDADE RELIGIOSA SOB A
ÓTICA DA CONSTITUIÇÃO FEDERAL DE 1988

Monografia apresentada ao Curso de
Direito da Universidade Federal de Santa
Maria (UFSM, RS), como requisito parcial
para obtenção do título de Bacharel em
Direito.

Orientadora: Profª. Drª. Nina Trícia Disconzi Rodrigues
Co-orientadora: Prof.ª Ma. Waleska Mendes Cardoso

Santa Maria, RS

2017

Letícia Brum Kabbas

O USO DE ANIMAIS EM RITUAIS RELIGIOSOS NO BRASIL: O (APARENTE) CONFLITO ENTRE A DIGNIDADE ANIMAL E A LIBERDADE RELIGIOSA SOB A ÓTICA DA CONSTITUIÇÃO FEDERAL DE 1988

Monografia apresentada ao Curso de Direito da Universidade Federal de Santa Maria (UFSM, RS), como requisito parcial para obtenção do título de Bacharel em Direito.

Aprovado em 12 de dezembro de 2017.

____
Nina Trícia Disconzi Rodrigues, Dra. (UFSM)
(Presidente/Orientadora)

____
Waleska Mendes Cardoso, Ma. (UFSM)
(Coorientadora)

____
Angelita Woltmann, Ma. (UFSM)

____
Kamila Godinho Finamor, Bela. (UFSM)

Santa Maria, RS
2017

AGRADECIMENTOS

Agradeço, primeiramente, a meus pais, Antão Ferreira Kabbas e Lisandra Brum Kabbas, sem os quais chegar até aqui seria impossível. A minha segunda mãe, que me acompanha desde a infância, Simone Rodrigues Santos que é igualmente responsável pela minha caminhada.

À minha irmã, Júlia Brum Kabbas, pela sua essencial presença e apoio em todos os momentos.

Aos demais familiares e amigos que sempre tiveram uma palavra de incentivo, carinho e afeto, não poderia deixar de também agradecer.

RESUMO

O USO DE ANIMAIS EM RITUAIS RELIGIOSOS NO BRASIL: O (APARENTE) CONFLITO ENTRE A DIGNIDADE ANIMAL E A LIBERDADE RELIGIOSA SOB A ÓTICA DA CONSTITUIÇÃO FEDERAL DE 1988

AUTORA: Letícia Brum Kabbas
ORIENTADORA: Nina Trícia Disconzi Rodrigues
CO-ORIENTADORA: Waleska Mendes Cardoso

Este trabalho se propõe a tratar do possível conflito entre o direito à liberdade de crença, previsto no art. 5º, inciso VI e o direito à dignidade animal, o qual está amparado no art. 225, parágrafo 1º, inciso VII, ambos da Constituição Federal de 1988, no que concerne ao sacrifício animal praticado por diversos cultos religiosos, especialmente os provenientes de religiões de matriz africana. Considerando o aspecto cultural e antropológico do sacrifício animal e a teoria do direito dos animais e a consideração dos mesmos como seres sencientes, este trabalho busca definir se há um real conflito entre tais direitos, considerando que eles não são absolutos. Para tanto, num primeiro momento, procura-se entender a previsão constitucional da liberdade de crença, seu alcance e sua delimitação. Após, analisa-se o sacrifício animal, sua origem e seu significado para as religiões que o praticam. No segundo capítulo é dissecada a teoria do direito dos animais e a quebra do paradigma antropocêntrico, com o estudo de seus principais teóricos. No capítulo final são examinados dois casos onde os referidos direitos são confrontados para que se possa, enfim, traçar critérios mínimos para uma interpretação adequada e constitucional do sacrifício animal em rituais religiosos.

Palavras-chave: Dignidade animal. Liberdade religiosa. Sacrifício animal.

ABSTRACT

**THE USE OF ANIMALS IN BRAZILIAN RELIGIOUS RITUALS: THE (APPARENT)
CONFLICT OF ANIMAL DIGNITY AND RELIGIOUS LIBERTY UNDER 1988
FEDERAL CONSTITUTION'S POINT OF VIEW**

AUTHOR: Letícia Brum Kabbas
ADVISOR: Nina Trícia Disconzi Rodrigues

This piece proposes to address the possible conflict between the freedom of belief, ensured by art. 5, subsection VI and the right to animal dignity, which is granted by paragraph 1, subsection VII of article 225, both in the Federal Constitution of 1988, in regard to the practice of animal sacrifice by various religious cults, especially the ones originated from african matrix. Considering the cultural and anthropological aspect of animal sacrifice and the theory of animal rights as well as the consideration of them as sentient beings, this work seeks to define if there is a real conflict between those rights, considering they are not absolute. In order to do so, first, one tries to understand the constitutional insurance of religious freedom, its reach and its delimitation. Afterwards, we analyze the animal sacrifice, its origin and meaning to the religions that practice it. On the second chapter, both the theory of animal rights and the breaking of the anthropocentric paradigm are dissected with the study of its main theoretical scholars. On the final chapter, there is an examination of two cases on which these referred rights are confronted in order that we can, at last, delineate minimal criteria for an adequate and constitutional interpretation of the animal sacrifice in religious rituals.

Keywords: Animal dignity. Animal sacrifice. Religious freedom.

SUMÁRIO

INTRODUÇÃO

O uso de animais em rituais religiosos, prática frequente no país, enseja uma contradição: estariam em conflito o direito fundamental a liberdade de crença, constante no art. 5º, inciso VI, da Constituição Federal de 1988 e o direito à vida e a dignidade dos animais não-humanos, previsto também na nossa Constituição, no art. 225, parágrafo 1º, inciso VII.[1]

Para responder tal questão é necessário que se entenda como os animais são reconhecidos no sistema jurídico brasileiro. Inicialmente, deve-se frisar que, majoritariamente, não se consideram os animais como sujeitos de direito.

No sistema atual os animais são considerados em função do interesse humano e vistos como *coisas*, *semoventes*, *propriedades*, visão herdada do direito romano e que transparece o egoísmo humano e o espírito privatista baseado no paradigma antropocêntrico, no qual os demais seres vivos e o próprio meio-ambiente de um modo geral estão a serviço do ser humano. Tal paradigma deve ser rompido e algumas correntes de estudiosos já estão trabalhando para isso, embora no Brasil tal posicionamento ainda seja tímido, existem operadores do direito e pesquisadores buscando tal ruptura.

No mesmo sentido, a nossa Constituição, em seu artigo 225, parágrafo primeiro, inciso VII, ao vedar as práticas que submetem os animais à crueldade, acaba por reconhecer o animal como um ser detentor de direitos e não apenas um mero objeto.

Cabe destacar que o Judiciário brasileiro já vem tendo de enfrentar essas questões, há-se de citar dois casos paradigmáticos julgados por nosso Supremo Tribunal Federal e que trazem à tona a necessidade de se tutelar os direitos dos animais. Um deles é o Recurso Extraordinário nº. 153.531-8-SC,[2] que teve por relator o ministro Marco Aurélio Melo e no qual o STF julgou inconstitucional a prática da *farra do boi*, evento no qual o boi é ferido com facas, paus, queimaduras. O segundo é a Ação Direta de Inconstitucionalidade nº 1.856-RJ,[3] na qual nossa

---

[1] BRASIL. Constituição da República Federativa do Brasil de 1988. **Diário Oficial da União**, Brasília, DF, 5 out. 1988. Disponível em: <http://www.planalto.gov.br/ccivil_03/constituicao/constituicaocompilado.htm>. Acesso em: 12 nov. 2017.

[2] BRASIL. Supremo Tribunal Federal. **Recurso Extraordinário 153.531-8 da 2ª Turma do Supremo Tribunal Federal**, Brasília, DF, 3 jun. 1997. Disponível em: <http://redir.stf.jus.br/paginadorpub/paginador.jsp?docTP=AC&docID=211500>. Acesso em: 19 nov. 2017.

[3] BRASIL. Supremo Tribunal Federal. **Ação Direta de Inconstitucionalidade 1.856-6 do Tribunal Pleno do Supremo Tribunal Federal**, Brasília, DF, 3 set. 1998. Disponível em: <http://redir.stf.jus.br/paginadorpub/paginador.jsp?docTP=AC&docID=347302 >. Acesso em: 19 nov.

Suprema Corte julgou inconstitucional uma lei carioca que buscava regularizar a *rinha de galo,* outra prática de pura crueldade.

Tais decisões judiciais, o dispositivo constitucional acima mencionado, bem como a própria sociedade que, cada vez mais, busca um consumo consciente e livre de crueldade animal, são indícios que mostram o início da ruptura do paradigma antropocêntrico, à medida que começa a ser reconhecido o animal como um ser detentor de direitos e que merece, minimamente, ter sua dignidade preservada.

Neste contexto, encontra-se o fenômeno do sacrifício animal, popularmente conhecido como prática utilizada em religiões de matriz africana, mas que não é encontrado somente nestas e que, por tratar-se de um aspecto cultural e simbólico da religião e que goza de proteção constitucional, além de ser uma manifestação da liberdade de crença, acaba por trazer um suposto conflito entre o direito à vida e dignidade animal.

Portanto, cabe, a partir deste trabalho, compreender as origens do sacrifício animal, seu significado e simbolismo, seu surgimento e significado antropológico. Por outro lado, cabe ainda aprofundar a teoria do direito animal, as ideias defendidas pelos principais teóricos do ramo, a fim de que se possa enfim responder à questão principal desta pesquisa: há o conflito entre a liberdade de crença e o direito animal no Direito brasileiro?

A realização da pesquisa conta com perspectivas jurídicas, antropológicas e filosóficas acerca da temática apresentada. O método utilizado é o dialético, à medida que duas teses serão contrapostas de modo a sintetizar uma resposta, que pode ser a adoção de uma outra ou uma síntese de oposição ou complementariedade. A primeira tese está relacionada à liberdade de crença, partindo-se da garantia constitucional prevista e analisando seu aspecto antropológico. A segunda tese tratará da teoria dos direitos dos animais, buscando questionar o paradigma antropocêntrico e defender a caracterização dos animais como sujeitos de direitos, baseando-se na previsão constitucional existente no artigo 225, parágrafo primeiro, inciso VII, da Constituição Federal. A conclusão busca, a partir do estudo destes dois campos aparentemente opostos e valendo-se da análise de casos em que tal questão foi levada à discussão, responder se há ou não o conflito entre tais direitos bem como apontar parâmetros mínimos que devem ser seguidos para que o sacrifício animal seja interpretado e entendido de uma maneira a respeitar a dignidade animal e que, consequentemente, seja constitucional.

2017.

O método de procedimento utilizado na pesquisa é o histórico, o qual se fundamenta na necessidade de se estudar o surgimento do sacrifício religioso, seu significado para as religiões que o utilizam, assim como é imperioso sua utilização para apresentar a teoria do direito dos animais e sua tutela.

Para atingir aos fins estabelecidos à pesquisa, será utilizada a revisão bibliográfica aos referenciais escolhidos.

1 O DIREITO À LIBERDADE DE CRENÇA

Para a compreensão do objetivo central da pesquisa, faz-se necessário, preliminarmente, entender-se o direito à liberdade de crença, sua conceituação e previsão constitucional, bem como entender uma de suas formas de manifestação, a qual é o objeto deste trabalho: o sacrifício animal.

Este capítulo irá percorrer o surgimento, significado antropológico e simbólico do sacrifício animal, sua utilização e fundamentos.

1.1 CONCEITUAÇÃO E PREVISÃO CONSTITUCIONAL DO DIREITO À LIBERDADE RELIGIOSA NA CONSTITUIÇÃO FEDERAL DE 1988

A previsão constitucional que trata do direito à liberdade religiosa encontra-se no art. 5º, VI, da Constituição Federal: "é inviolável a liberdade de consciência e de crença, sendo assegurado o livre exercício dos cultos religiosos e garantida, na forma da lei, a proteção aos locais de culto e a suas liturgias"[4].

Define Jorge Miranda:

> A liberdade religiosa não consiste apenas em o Estado a ninguém impor qualquer religião ou a ninguém impedir de professar determinar crença. Consiste ainda, por um lado, em o Estado permitir ou propiciar a quem seguir determinada religião o cumprimento dos deveres que dela decorrem (em matéria de culto, de família ou de ensino, por exemplo) em termos razoáveis. E consiste, por outro lado (e sem que haja qualquer contradição), em o Estado não impor ou não garantir com as leis o cumprimento desses deveres.[5]

A liberdade religiosa também encontra amparo na legislação infraconstitucional (Lei nº 9.394/1996,[6] Lei nº 4.898/1965,[7] Lei nº 7.716/1989,[8] por exemplo) e em tratados internacionais dos quais o Brasil é signatário, como a

---

[4] BRASIL. Constituição da República Federativa do Brasil de 1988. **Diário Oficial da União**, Brasília, DF, 5 out. 1988. Disponível em: <http://www.planalto.gov.br/ccivil_03/constituicao/constituicaocompilado.htm>. Acesso em: 12 nov. 2017.

[5] MIRANDA, Jorge. **Manual de direito constitucional**. 3. ed. Coimbra: Coimbra Editora, 2000.

[6] BRASIL. Lei nº 9.394, de 20 de dezembro de 1996. Estabelece as diretrizes e bases da educação nacional. **Diário Oficial da União**, Brasília, DF, 20 dez. 1996. Disponível em: <http://www.planalto.gov.br/ccivil_03/leis/L9394.htm>. Acesso em: 12 nov. 2017.

[7] BRASIL. Lei nº 4.898, de 9 de dezembro de 1965. Regula o Direito de Representação e o processo de Responsabilidade Administrativa Civil e Penal, nos casos de abuso de autoridade. **Diário Oficial da União**, Brasília, DF, 9 dez. 1965. Disponível em: <http://www.planalto.gov.br/ccivil_03/leis/L4898.htm>. Acesso em: 12 nov. 2017.

[8] BRASIL. Lei nº 7.716, de 5 de janeiro de 1989. Define os crimes resultantes de preconceito de raça ou de cor. **Diário Oficial da União**, Brasília, DF, 5 jan. 1989. Disponível em: <http://www.planalto.gov.br/ccivil_03/leis/L7716.htm>. Acesso em: 12 nov. 2017.

Convenção Internacional sobre Direitos Civis e Políticos;[9] Convenção Interamericana sobre Direitos Humanos;[10] Declaração sobre a Eliminação de todas as Formas de Intolerância e Discriminação Fundadas na Religião ou nas Convicções;[11] Declaração sobre os Direitos das Pessoas Pertencentes a Minorias Nacionais ou Étnicas, Religiosas e Linguísticas;[12] e a Declaração de Princípios sobre a Tolerância.[13]

A Declaração Universal dos Direitos Humanos é clara ao afirmar:

> Toda pessoa tem direito à liberdade de pensamento, de consciência e de religião; este direito implica a liberdade de mudar a religião, assim como a liberdade de manifestar a religião ou convicção, sozinho ou em comum, tanto em público como em privado, pelo ensino, pela prática, pelo culto e pelos ritos.[14]

Segundo Thiago Teraoka,[15] a liberdade religiosa é o direito fundamental que tutela a crença, o culto e as demais atividades religiosas, dos indivíduos e das organizações religiosas, e consagra neutralidade estatal. Ainda segundo o autor, tal direito visa a proteger as opções religiosas, de modo a repelir pressões às opções e manifestações de fé ou descrença em uma ou todas as religiões.

José Afonso da Silva conceitua o importante direito como:

> Na liberdade de crença entra a liberdade de escolha da religião, a liberdade de aderir a qualquer seita religiosa, a liberdade (ou o direito) de mudar de

---

[9] BRASIL. Decreto nº. 592, de 6 de julho de 1992. Atos Internacionais. Pacto Internacional sobre Direitos Civis e Políticos. Promulgação. **Diário Oficial da União,** Brasília, DF, 6 jul. 1992. Disponível em: <http://www.planalto.gov.br/ccivil_03/decreto/1990-1994/d0592.htm>. Acesso em: 12 nov. 2017.

[10] CIDH. **Convenção Americana sobre Direitos Humanos**. Comissão Interamericana sobre Direitos Humanos. San José, Costa Rica, 22 nov. 1969. Disponível em: <http://www.cidh.oas.org/basicos/portugues/c.convencao_americana.htm>. Acesso em: 12 nov. 2017.

[11] BRASIL. Câmara dos Deputados. Proclamada pela Assembléia Geral das Nações Unidas a 25 de novembro de 1981 - Resolução 36/55. Declaração sobre a Eliminação de Todas as Formas de Intolerância e Discriminação Fundadas na Religião ou nas Convicções. **Diário Oficial da União**, Brasília, DF, 25 nov. 1981. Disponível em: <http://www2.camara.leg.br/atividade-legislativa/comissoes/comissoes-permanentes/cdhm/comite-brasileiro-de-direitos-humanos-e-politica-externa/DecElimFormIntDisc.html>. Acesso em: 12 nov. 2017.

[12] GABINETE DE DOCUMENTAÇÃO E DIREITO COMPARADO. **Direitos Humanos.** Declaração sobre os direitos das pessoas pertencentes a minorias nacionais ou étnicas, religiosas e linguísticas. Adoptada pela Assembleia Geral das Nações Unidas na sua resolução 47/135, de 18 de dezembro de 1992. Disponível em: <http://direitoshumanos.gddc.pt/3_2/IIIPAG3_2_10.htm>. Acesso em: 13 nov. 2017.

[13] UNESCO. **Declaração de Princípios sobre a Tolerância.** São Paulo: Universidade de São Paulo, jun. 1997. Disponível em: <http://unesdoc.unesco.org/images/0013/001315/131524porb.pdf>. Acesso em: 12 nov. 2017.

[14] UDHR - The Universal Declaration of Human Rights. **Declaração Universal dos Direitos Humanos.** Assembléia Geral das Nações Unidas (resolução 217 A III), 10 de dezembro 1948. Disponível em: <http://www.ohchr.org/EN/UDHR/Documents/UDHR_Translations/por.pdf>. Acesso em: 12 nov. 2017.

[15] TERAOKA, Thiago Massao Cortizo. **A Liberdade Religiosa no Direito Constitucional Brasileiro.** 2010, 282 f. Tese (Doutorado em Direito) – Faculdade de Direito da Universidade de São Paulo. Disponível em: <http://www.teses.usp.br/teses/disponiveis/2/2134/tde-21062011-095023/publico/liberdade_religiosa_completa.pdf>. Acesso em: 10 nov. 2017.

> religião, mas também compreende a liberdade de não aderir a religião alguma, assim como a liberdade de descrença, a liberdade de ser ateu e de exprimir o livre agnosticismo. Mas não compreende a liberdade de embaraçar o livre exercício de qualquer religião, de qualquer crença, pois também a liberdade de alguém vai até onde não prejudique a liberdade dos outros.[16]

Assim, tal previsão constitucional busca tutelar não só a liberdade religiosa, mas a liberdade de consciência, qual seja, o direito de não ter crença alguma, mais abrangente do que a primeira.

Como preconiza Jorge Miranda,

> [...] a liberdade de consciência é mais ampla e compreende quer a liberdade de ter ou não ter religião (e de ter qualquer religião) quer a liberdade de convicções de natureza não religiosa (filosófica, designadamente) e, por outro lado, a liberdade de consciência releva, por definição, só do foro individual, ao passo que a liberdade religiosa possui também uma dimensão social e institucional.[17]

Logo, primeiramente, é importante entender que o dispositivo constitucional abarca estes dois conceitos e os protege, garantindo seu exercício pelo cidadão.

A segunda parte do dispositivo se refere ao direito de culto e remete diretamente à liberdade religiosa.[18] Segundo Teraoka, o culto é a manifestação externa da crença, em reuniões públicas. É a manifestação da religião, através de adorações, venerações e liturgias públicas. Abranda os cultos internos (celebrados em templos) e externos (procissões, quermesses, caminhadas, etc.).[19]

Ainda analisando o dispositivo mencionado, este fala, por último, em liturgias, que são celebrações religiosas pré-definidas, mediante formalidades e rituais religiosos.[20]

Além da finalidade óbvia da previsão constitucional, ou seja, proteger as opções religiosas e a livre manifestação de seus fiéis, de modo a afastar

---

[16] SILVA, José Afonso. **Curso de direito constitucional positivo.** 21. ed. São Paulo: Malheiros, 2002. p. 248.

[17] MIRANDA, Jorge. A liberdade religiosa em Portugal e o anteprojeto de 1997. **Direito e Justiça,** Revista da Faculdade de Direito da Pontifícia Universidade Católica do Rio Grande do Sul. EDIPUCRS, v. 21, a. XXII, p. 167-187, 2000. p. 172.

[18] BRASIL. Constituição da República Federativa do Brasil de 1988. **Diário Oficial da União**, Brasília, DF, 5 out. 1988. Disponível em: <http://www.planalto.gov.br/ccivil_03/constituicao/constituicaocompilado.htm>. Acesso em: 12 nov. 2017.

[19] TERAOKA, Thiago Massao Cortizo. **A Liberdade Religiosa no Direito Constitucional Brasileiro.** 2010, 282 f. Tese (Doutorado em Direito) – Faculdade de Direito da Universidade de São Paulo. Disponível em: <http://www.teses.usp.br/teses/disponiveis/2/2134/tde-21062011-095023/publico/liberdade_religiosa_completa.pdf>. Acesso em: 10 nov. 2017.

[20] BRASIL. Constituição da República Federativa do Brasil de 1988. **Diário Oficial da União,** Brasília, DF, 5 out. 1988. Disponível em: <http://www.planalto.gov.br/ccivil_03/constituicao/constituicaocompilado.htm>. Acesso em: 12 nov. 2017.

comportamentos violadores de intolerância religiosa, há, segundo Jane Rutherford a limitação do poder. Considerando que a religião é, sem dúvida, uma importante fonte de poder político, ao se permitir a liberdade religiosa e a diversidade das organizações religiosas, a Constituição busca incentivar a desconcentração do poder político, o qual estaria perigosamente concentrado caso houvesse uma única religião.[21]

Outro ponto importante a ser destacado é que a Constituição Brasileira, ao contrário das constituições anteriores, não previu expressamente restrições ao direito à liberdade religiosa.[22]

Embora possa parecer, em uma análise superficial, que a omissão constitucional acabou por proteger o culto religioso independente de qualquer restrição, é importante destacar que nenhum direito é absoluto e o fato de não haver reserva expressa no artigo 5º, inciso VI, da Constituição Federal não significa que este deva ser interpretado de maneira absoluta.[23]

Nesta senda, há-se de referir que, no *mundo da vida*, há sempre colisão entre direitos fundamentais, a qual deve ser resolvida através de um equilíbrio entre princípios, respeitando-se a ordem pública, de modo que não se pode falar em direito absoluto.[24]

Neste mesmo viés, Pontes de Miranda já afirmava:

> No estado atual do direito público, a liberdade de cultos é limitada por medidas de ordem pública, com o mesmo critério que preside às outras limitações: as práticas – assim em atos como em palavras – têm de respeitar as leis penais, isto é, não podem ser tais que constituam crimes ou contravenções; nem lhes seria permitido infringir as outras liberdades.[25]

[21] DELANEY, C. F. (Ed.). **Rationality and Religious Belief**. n. 1. Notre Dame: University of Notre Dame Press, 1979. (Série University of Notre Dame studies in the philosophy of religion).

[22] BRASIL. Constituição da República Federativa do Brasil de 1988. **Diário Oficial da União**, Brasília, DF, 5 out. 1988. Disponível em: <http://www.planalto.gov.br/ccivil_03/constituicao/constituicaocompilado.htm>. Acesso em: 12 nov. 2017.

[23] TERAOKA, Thiago Massao Cortizo. **A Liberdade Religiosa no Direito Constitucional Brasileiro**. 2010, 282 f. Tese (Doutorado em Direito) – Faculdade de Direito da Universidade de São Paulo. Disponível em: <http://www.teses.usp.br/teses/disponiveis/2/2134/tde-21062011-095023/publico/liberdade_religiosa_completa.pdf>. Acesso em: 10 nov. 2017.

[24] TERAOKA, Thiago Massao Cortizo. **A Liberdade Religiosa no Direito Constitucional Brasileiro**. 2010, 282 f. Tese (Doutorado em Direito) – Faculdade de Direito da Universidade de São Paulo. Disponível em: <http://www.teses.usp.br/teses/disponiveis/2/2134/tde-21062011-095023/publico/liberdade_religiosa_completa.pdf>. Acesso em: 10 nov. 2017.

[25] MIRANDA, Pontes de. **Comentários à constituição de 1967**. Tomo V. São Paulo: Revista dos Tribunais, 1967. p. 128-129.

Assim, a liberdade religiosa é limitada, como qualquer outro direito. Teraoka fala, em seu estudo acerca do tema, dos direitos que, como a liberdade religiosa, não tem limitação expressa em sua previsão:[26]

> No caso dos direitos fundamentais sem reserva expressa, a inexistência da ponderação poderia levar a uma proteção exacerbada. Considerando que o direito fundamental possui estrutura de princípio, se trata de um mandamento de otimização. Sem restrição, o direito fundamental estatuído ou seus direitos fundamentais adstritos conduziriam inevitavelmente a desrespeito a outros direitos fundamentais. A restrição é absolutamente necessária quando todos são igualmente titulares de direitos fundamentais.[27]

Weingartner também se refere às limitações do direito à liberdade religiosa e nas suas colisões com demais direitos:

> Nesta sede, pretende-se plantar as bases do conceito jurídico da *liberdade religiosa*, pensada como um *direito complexo* (um *cluster right*), de vertentes *subjetiva* (titulares pessoas físicas e jurídicas) e *objetiva* - que se reveste, assim, de dimensões negativas e positivas e vincula os órgãos estatais e os particulares, sendo importante diferenciá-la do direito fundamental matricial da liberdade de consciência, e segui-la nas manifestações de crença e culto. Então, vista na coexistência de outros direitos fundamentais, a dinâmica das colisões é chamada, para enfrentar e compatibilizar a interferência de direitos e garantias conexos, avançando-se, ainda, na discussão de um *topos* hermenêutico- aquela da melhora resposta possível (em vez da única resposta correta) - que servirá de critério metodológico para a análise de situações práticas que fechará a investigação.[28]

Importante referir ainda que a laicidade do Estado não se confunde com a não aceitação da religião ou com a desobrigação do Estado de garantir o respeito e a livre manifestação da religião. Neste sentido, Gilmar Ferreira Mendes, Inocêncio Mártires Coelho e Paulo Gustavo Gonet Branco:

> A laicidade do Estado não significa, por certo, inimizade com a fé. Não impede a colaboração com confissões religiosas, para o interesse público (CF, art. 19, I). A sistemática constitucional acolhe, mesmo, expressamente, ação conjunta dos Poderes Públicos no âmbito de cultos religiosos, como é

[26] TERAOKA, Thiago Massao Cortizo. **A Liberdade Religiosa no Direito Constitucional Brasileiro**. 2010, 282 f. Tese (Doutorado em Direito) – Faculdade de Direito da Universidade de São Paulo. Disponível em: <http://www.teses.usp.br/teses/disponiveis/2/2134/tde-21062011-095023/publico/liberdade_religiosa_completa.pdf>. Acesso em: 10 nov. 2017.
[27] TERAOKA, Thiago Massao Cortizo. **A Liberdade Religiosa no Direito Constitucional Brasileiro**. 2010, f. 35. Tese (Doutorado em Direito) – Faculdade de Direito da Universidade de São Paulo. Disponível em: <http://www.teses.usp.br/teses/disponiveis/2/2134/tde-21062011-095023/publico/liberdade_religiosa_completa.pdf>. Acesso em: 10 nov. 2017.
[28] WEINGARTNER NETO, Jayme. **A Edificação Constitucional do Direito Fundamental à Liberdade Religiosa**: um feixe Jurídico entre a Inclusividade e o Fundamentalismo. Tese (Doutorado em Direito) – Pontifícia Universidade Católica do Rio Grande do Sul. 2006, f. 243. Disponível em: <http://tede2.pucrs.br/tede2/bitstream/tede/4285/1/383314.pdf>. Acesso em: 10 nov. 2017.

o caso da extensão de efeitos civis ao casamento religioso. Nesse sentido, não há embaraço – ao contrário, parecem bem-vindas, como ocorre em tantos outros países – a iniciativa como a celebração de concordata com a Santa Sé, para a fixação de termos de relacionamento entre tal pessoa de direito internacional e o país, tendo em vista a missão religiosa da Igreja de propiciar o bem integral do indivíduo, coincidente com o objetivo da República de "promover o bem de todos" (art. 3º, IV, da CF). Seria erro grosseiro confundir acordos dessa ordem, em que se garantem meios eficazes para o desempenho da missão religiosa da Igreja, com a aliança vedada pelo art. 19, I, da Constituição. A aliança que o constituinte repudia é aquela que inviabiliza a própria liberdade de crença, assegurada no art. 5º, VI, da Carta, por impedir que outras confissões religiosas atuem livremente no País.[29]

E completam:

O Estado brasileiro não é confessional, mas tampouco é ateu, como se deduz do preâmbulo da Constituição, que invoca a proteção de Deus. Admite igualmente, que o casamento religioso produza efeitos civis, na forma o disposto em lei (...) a laicidade do Estado não significa, por certo, inimizade com a fé.[30]

Ademais, a religião exige manifestação e esta manifestação deve ser igualmente protegida pelo nosso ordenamento jurídico, neste ponto coadunam-se Bastos e Martins:

A religião não pode, como de resto acontece com as demais liberdades de pensamento, contentar-se com a sua dimensão espiritual, isto é: enquanto realidade ínsita à alma do indivíduo. Ela vai procurar necessariamente uma externação, que, diga-se de passagem, demanda um aparato, um ritual, uma solenidade, mesmo que a manifestação do pensamento não requer necessariamente.[31]

Assim, a liberdade religiosa também inclui a proteção de seus cultos e manifestações, conforme José Afonso da Silva:

Liberdade de culto: a religião não é apenas sentimento sagrado puro. Não se realiza na simples contemplação do ente sagrado, não é simples adoração a Deus. Ao contrário, ao lado de um corpo de doutrina, sua característica básica se exterioriza na prática dos ritos, no culto, com suas cerimônias, manifestações, reuniões, fidelidades aos hábitos, às tradições, na forma indica pela religião escolhida.[32]

---

[29] MENDES, Gilmar F.; COELHO, Inocêncio M.; BRANCO, Paulo Gustavo G. **Curso de direito constitucional.** 3 ed. São Paulo: Saraiva, 2008. p. 409.
[30] MENDES, Gilmar F.; COELHO, Inocêncio M.; BRANCO, Paulo Gustavo G. **Curso de direito constitucional.** 3 ed. São Paulo: Saraiva, 2008. p. 408-9.
[31] BASTOS, Celso Ribeiro; MARTINS, Ives Gandra da Silva. Comentários à Constituição do Brasil: promulgada em 5 de outubro de 1988. 3 ed. São Paulo: Saraiva, 2004. p. 54.
[32] SILVA, José Afonso. **Curso de direito constitucional positivo.** 21. ed. São Paulo: Malheiros, 2002, p. 248. grifo do original.

Disto tudo, é possível concluir que a liberdade religiosa é um importante direito alicerçado por nosso ordenamento, o qual possui previsão em nossa Constituição e que inclui diversas prerrogativas, dentre elas a liberdade de crença, de consciência, de culto, de livre manifestação, de expressão.[33] Embora seja considerada um direito fundamental e essencial ao Estado Democrático de Direito, também pode sofrer limitações, embora o texto constitucional não tenha determinado claramente seus limites, estes ficam subentendidos quando se analisam os princípios da dignidade da pessoa humana, da proporcionalidade e da ponderação. Não se pode falar em direito absoluto e a liberdade de crença está sujeita a colisões e mitigações com demais direitos, também essenciais.

1.2 A PRÁTICA DO SACRIFÍCIO ANIMAL COMO MANIFESTAÇÃO RELIGIOSA NO BRASIL

O sacrifício animal ou imolação consiste na morte de um animal para que este possa ser oferecido a uma entidade divina, buscando algum tipo de recompensa, como a cura, ou simplesmente para enaltecimento de um ente superior.[34]

Inicialmente, é importante ressaltar que a prática do sacrifício animal não é exclusiva das religiões de matriz africana, as quais, muitas vezes, acabam passando por um processo de marginalização devido a tais práticas, embora sejam comuns em outros cultos. Inclusive, tal prática é comum desde a pré-histórica, onde era utilizada para acompanhar os defuntos e continuar lhes prestando serviço e para agraciar os deuses da fecundidade e da guerra.[35]

Ainda, é também presente na religião muçulmana, onde um cordeiro é degolado ao término do Ramadã, nono mês do calendário islâmico, onde os fiéis praticam seu jejum ritual.[36]

---

[33] BRASIL. Constituição da República Federativa do Brasil de 1988. **Diário Oficial da União**, Brasília, DF, 5 out. 1988. Disponível em: <http://www.planalto.gov.br/ccivil_03/constituicao/constituicaocompilado.htm>. Acesso em: 12 nov. 2017.

[34] ROGÉRIO, Janecleia Pereira. **Se não há sacrifício, não há religião**. Se não há sangue, não há xangô: um estudo do sacrifício no Palácio de Iemanjá. 2008, f. 50. Dissertação (Mestrado em Antropologia) – Universidade Federal de Pernambuco. Pernambuco, 2008. Disponível em: <http://repositorio.ufpe.br/bitstream/handle/123456789/567/arquivo1072_1.pdf? sequence=1&isAllowed=y >. Acesso em: 10 nov. 2017.

[35] ROGÉRIO, Janecleia Pereira. **Se não há sacrifício, não há religião**. Se não há sangue, não há xangô: um estudo do sacrifício no Palácio de Iemanjá. 2008, f. 50. Dissertação (Mestrado em Antropologia) – Universidade Federal de Pernambuco. Pernambuco, 2008. Disponível em: <http://repositorio.ufpe.br/bitstream/handle/123456789/567/arquivo1072_1.pdf? sequence=1&isAllowed=y >. Acesso em: 10 nov. 2017.

Nas religiões africanas, pode-se citar o *candomblé, umbanda,* o *batuque,* o *omolokô* e a *santeria.* A prática é baseada na crença milenar de que haveria uma troca de energias entre o fiel e o animal, onde as más energias passariam do primeiro para o segundo, o qual é em seguida sacrificado.[37]

Há também o sacrifício em que o animal é considerado uma oferenda a um deus, o chamado *orixá.* Tal cerimônia ocorre geralmente uma vez por ano na festa do *Orixá* para o qual se está fazendo a oferenda e, embora possa ser substituída em alguns casos e o é quando possível, outras vezes é imprescindível, por se tratar da essência destas religiões.[38]

Vale ressaltar que o sacrifício animal possui regras, não sendo feito por qualquer pessoa e sim por aquele que tem a permissão para realizá-lo, em regra, o sacerdote. Outro ponto a ser ressaltado é que para estes rituais o animal passa por uma espécie de hipnose, de modo que é imolado e não agoniza nem grita no momento da morte.[39]

Antes de ocorrer o sacrifício, o animal é considerado sagrado, pois será oferecido ao *orixá,* dessa forma não poderá ser maltratado e passa por cuidados, sendo devidamente alimentado.[40]

O sociólogo e antropólogo Marcel Mauss, ao analisar essa relação dos fiéis com as divindades, afirmou que

---

[36] ROBERT, Yannick Yves Andrade; PLASTINO, Carlos Alberto; LEITE, Fábio Carvalho. Sacrifício de animais em rituais de religiões de matriz africanas. In: SEMINÁRIO DE INICIAÇÃO CIENTÍFICA, 16., 2008. Rio de Janeiro. **Anais**... Rio de Janeiro: PUC-Rio, 2008. Disponível em: <http://www.puc-rio.br/pibic/relatorio_resumo2008/relatorios/ccs/dir/yannick_yves_andrade_robert.pdf>. Acesso em: 12 nov. 2017.

[37] ROBERT, Yannick Yves Andrade; PLASTINO, Carlos Alberto; LEITE, Fábio Carvalho. Sacrifício de animais em rituais de **religiões** de matriz africanas. In: SEMINÁRIO DE INICIAÇÃO CIENTÍFICA, 16., 2008. Rio de Janeiro. Anais... Rio de Janeiro: PUC-Rio, 2008. Disponível em: <http://www.puc-rio.br/pibic/relatorio_resumo2008/relatorios/ccs/dir/yannick_yves_andrade_robert.pdf>. Acesso em: 12 nov. 2017.

[38] ROBERT, Yannick Yves Andrade; PLASTINO, Carlos Alberto; LEITE, Fábio Carvalho. Sacrifício de animais em rituais de religiões de matriz africanas. In: SEMINÁRIO DE INICIAÇÃO CIENTÍFICA, 16., 2008. Rio de Janeiro. **Anais**... Rio de Janeiro: PUC-Rio, 2008. Disponível em: <http://www.puc-rio.br/pibic/relatorio_resumo2008/relatorios/ccs/dir/yannick_yves_andrade_robert.pdf>. Acesso em: 12 nov. 2017.

[39] ROBERT, Yannick Yves Andrade; PLASTINO, Carlos Alberto; LEITE, Fábio Carvalho. Sacrifício de animais em rituais de religiões de matriz africanas. In: SEMINÁRIO DE INICIAÇÃO CIENTÍFICA, 16., 2008. Rio de Janeiro. **Anais**... Rio de Janeiro: PUC-Rio, 2008. Disponível em: <http://www.puc-rio.br/pibic/relatorio_resumo2008/relatorios/ccs/dir/yannick_yves_andrade_robert.pdf>. Acesso em: 12 nov. 2017.

[40] ROBERT, Yannick Yves Andrade; PLASTINO, Carlos Alberto; LEITE, Fábio Carvalho. Sacrifício de animais em rituais de religiões de matriz africanas. In: SEMINÁRIO DE INICIAÇÃO CIENTÍFICA, 16., 2008. Rio de Janeiro. **Anais**... Rio de Janeiro: PUC-Rio, 2008. Disponível em: <http://www.puc-rio.br/pibic/relatorio_resumo2008/relatorios/ccs/dir/yannick_yves_andrade_robert.pdf>. Acesso em: 12 nov. 2017.

> Um dos primeiros grupos de seres com os quais os homens tiveram que contratar e que, por definição, ali estavam para contratar com eles foi, antes de tudo, o dos espíritos dos mortos e dos deuses. Com efeito, são eles os verdadeiros proprietários das coisas e dos bens do mundo. Era com eles que era mais necessário trocar e mais perigoso não trocar. Inversamente, porém, era com eles que era mais fácil e mais seguro trocar. A destruição sacrificial tem precisamente por fim ser uma doação que seja necessariamente retribuída.[41]

Ainda, segundo Mauss e Hubert:

> [...] em todo sacrifício há um ato de abnegação e visto que o sacrificante se priva e dá. Mesmo esta abnegação às vezes lhe é imposta como um dever. Pois o sacrifício não é sempre facultativo; os deuses o exigem (...). Mas esta abnegação e esta submissão não são isentas de um retorno egoísta. Se o sacrificante dá alguma de si, ele não se dá; ele se reserva prudentemente. É que, se ele dá, em parte é para receber. O sacrifício se apresenta, portanto, sob duplo aspecto. É um ato útil e é uma obrigação. O desinteresse se mistura aí com o interesse. Daí porque com tanta frequência foi tão amiúde concebido sob a forma de um contrato. No fundo, talvez não haja sacrifício que não tenha alguma coisa de contratual. As duas partes em presença trocam serviços e cada um tem aí a sua conta. Pois os deuses, também eles, tem necessidade dos profanos (...). Para que o sagrado subsista, é mister que se lhe dê sua parte, e é parte dos profanos que se tira essa porção. Esta ambiguidade é inerente a própria natureza do sacrifício.[42]

Assim, pode-se concluir que, antropologicamente, o sacrifício é considerado como uma privação em função de algo maior, um elemento essencial para se obter o contato e a troca de favores com os deuses. Embora o rito, os tipos de animais e as formalidades ritualísticas variem de religião para religião, o significado principal do sacrifício é o mesmo.

Como coleciona Malinowski, o sacrifício, além de ser um sistema de trocas (espiritual e material), é também um momento de institucionalização social, religiosa, econômica e ritual.[43]

Dufor, ao comparar o sacrifício animal das religiões de matriz africana com as práticas da religião cristã, mundialmente difundida e aceita, aduz:

> As sociedades politeístas recorrem ao sacrifício a cada vez que se trata de reatar o laço social. É um sacrifício ao(s) deus(es). As religiões monoteístas administram de outra maneira o sacrifício: ele é assumido, expresso pela Escritura. É um sacrifício de Deus. (...) Essa diversidade é certamente efetiva, mas será ela suficiente para questionar a permanência do sacrifício nas sociedades humanas? Qualquer que seja a diversidade, o sacrifício remete sempre à representação e à introjeção da morte na constituição de

---

[41] MAUSS, Marcel. O ensaio sobre a dádiva. In: **Sociologia e Antropologia**. São Paulo: EDUSP, 1974. p. 63.

[42] MAUSS, Marcel; HUBERT, Henri. Ensaio Sobre a Natureza e a Função do Sacrifício. In: **Ensaios de Sociologia**. São Paulo: EDUSP, 1974. p. 85.

[43] MALINOWSKI, Bronislaw. **Argonautas do pacífico ocidental.** 2. ed. São Paulo: Abril Cultural, 1978.

um sistema social e simbólico. (...) O fato de dizer certas palavras sobre um pedaço de pão é tão satisfatório para o espírito quanto a degola de uma vaca, observava, de modo muito pertinente, Georges Bataille. Em que, com efeito, os ritos sacrificiais dos conans e búlgaros do Volga, que juravam sobre um cão degolado e aliviavam-se bebendo em uma taça de ouro algumas gotas de seus próprios sangues, seriam menos 'evoluídos' que aqueles dos cristãos que vão sacrificar todos os domingos, enquanto o padre lhes ordena: 'bebei, este é o sague do Cristo; comei, este é o corpo do Cristo'? (...) O sacrifício, fundamento das socialidades, está inscrito no espaço trinitário. 'Eu' e 'tu' devem comer 'ele', o ausente, para poderem estar juntos.[44]

Fernandes Portugal, Professor do mestrado em Antropologia na Universidade de Havana e também fiel e praticante de religião de matriz africana, ao ser entrevistado para o interessante artigo de autoria de Yannick Robert, e ao ser questionado sobre o que significa o sacrifício de animais para as religiões de matrizes africanas, responde:

> Veja bem, quando falamos em sacrifício algumas pessoas consideram que só existe como remédio nos cultos afro brasileiros o sacrifício animal, mas temos vários tipos, que, por ordem de Orumila5, por ordem de Ifá, são realizados ocasionalmente para resolução de problemas.
> Hoje só se faz sacrifício de animais ditos "domésticos", faço essa ressalva porque antigamente se fazia sacrifício de animais dito silvestres. Por exemplo, o Veado, o "Adjapa" (tartaruga), o tatu já foram utilizados, como o lagarto e outros animais. Hoje só se faz de animais dito domésticos. Sacrificamos, o cabrito, a cabra, a codorna, a galinha da angola, o galo, a galinha, o galo, a franga, o pato, a pata, paturi, enfim, esses são os principais. São os Orixás que definem quais animais vão ser sacrificados. Existe um sistema, uma lógica, não é aleatório.
> Na verdade usamos o fluido, o eterico do sangue, que é o maior selo que temos, e a maior virtude que possa existir em um animal novo para se fazer uma transposição alquímica. Como isso ocorre: se formos realizar um ebó7, em geral passamos a ave pelo corpo da pessoa, e "as penas vão absorver a própria pessoa", o DNA daquela pessoa, pois quando se esfrega vigorosamente aquelas penas no corpo da pessoa, nós estamos levando fragmentos de pelos do corpo, humores (substancias excretados pelo corpo), tecido epitelial, suor, etc. Esse conjunto de situações que foi colhido no corpo da pessoa é uma espécie de testemunho, e esse testemunho é que nós vamos precisar para mostrar um caminho, para modificar uma situação. Então, quando fazemos esse sacrifício animal e olhamos o tempo todo para aquele sangue correndo em cima da pedra, ou de outra substância, estamos substituindo aquela vítima, em relação aquilo que precise. O animal absorve aquela energia [é como se saísse da pessoa e passasse pelo animal]. Esse é o aspecto principal, na verdade você está também com isso estimulando, ativando forças atemporais. O Orixá não é só força da natureza, é força da humanidade como um todo, planetária, forca das próprias pessoas, uma vez que a pessoa tem elementos do próprio Orixá.
> Na verdade você faz uma troca, uma transfusão, de energias para aquela situação, por isso que e feito o sacrifício animal, que deve ser feito com a total ética, não se deve faze, qualquer tipo de sacrifício animal, de qualquer jeito, a qualquer momento, por exemplo, eu não realizo qualquer sacrifício

---

[44] DUFOUR, D. **Os mistérios da trindade. Rio de Janeiro:** Companhia de Freud, 2000. p. 158-161.

quando a pessoa não é afeta aquela situação, seria uma forma de agredir a pessoa não fazemos sacrifício quando a pessoa não gosta.[45]

Outra questão de extrema importância perguntada ao Professor Fernandes Portugal foi com relação ao motivo pelo qual ainda se faz sacrifício de animais e se não haveria algum meio alternativo à essa prática, ao que ele responde:

Nem sempre o sacrifício pode ser substituído, as vezes precisa-se do sangue animal para fortalecer o axé, para fortalecer a pessoa. Atenção, o Orixá não se fortalece com isso, é mentira, o que você fortalece são manifestações de devotos daquele Orixá.
Há determinados remédios que são utilizados para certas circunstancias. Não é a qualquer momento que você faz, o ambiente tem que estar limpo, tem que se limpar as pessoas depois, com banhos aromáticos, banhos de defesa, que limpam a alma da pessoa.
Matar é uma expressão utilizada pela milícia, pela polícia mineira. Trata-se realmente de sacrifício animal, é a imolação em função de algo, de uma troca. Sacrifica-se para ter a vida, é uma troca.
Se o animal não é passado no corpo, ele serve para dar de comer para as pessoas do terreiro. Há então outros tipos de sacrifício que não o que é passado pelo corpo. As vezes o animal não é sacrificado, ele é colocado na mata, enterrado.
Há sacrifício de animais para festejar, mas este tem uma lógica própria, com começo, meio e fim. Na cultura Yorubá, não tem essa de oferecer por oferecer, não é a forma principal de louvação aos Orixás. A louvação se faz diariamente, através de preces, de vivencias junto aos Orixás. Para louvar o Orixá, faz-se também oferendas de frutos e grãos, pois são outros elementos que você também vai usar. [46]

Outro ponto abordado na referida entrevista é sobre a falta de preparado de alguns fiéis para a realização do sacrifico, os quais não seguem as orientações dadas e acabam por trazer sofrimento ao animal. Questionado sobre uma solução para tal questão, o professor responde:

Faria da seguinte maneira. A primeira coisa, que faz muita falta, é que se fizesse um grande cadastro afro-brasileiro e que existissem locais previamente cadastrados para vender animais somente para o sacrifício animal e que somente as pessoas cadastradas poderiam ir lá comprar, isso já estabeleceria uma espécie de regra de funcionamento para os cultos afrobrasileiros. Acho que daria certo.[47]

[45] ROBERT, Yannick Yves Andrade; PLASTINO, Carlos Alberto; LEITE, Fábio Carvalho. Sacrifício de animais em rituais de religiões de matriz africanas. In: SEMINÁRIO DE INICIAÇÃO CIENTÍFICA, 16., 2008. Rio de Janeiro. **Anais...** Rio de Janeiro: PUC-Rio, 2008. Disponível em: <http://www.puc-rio.br/pibic/relatorio_resumo2008/relatorios/ccs/dir/yannick_yves_andrade_robert.pdf>. Acesso em: 12 nov. 2017. p. 8.
[46] ROBERT, Yannick Yves Andrade; PLASTINO, Carlos Alberto; LEITE, Fábio Carvalho. Sacrifício de animais em rituais de religiões de matriz africanas. In: SEMINÁRIO DE INICIAÇÃO CIENTÍFICA, 16., 2008. Rio de Janeiro. **Anais...** Rio de Janeiro: PUC-Rio, 2008. Disponível em: <http://www.puc-rio.br/pibic/relatorio_resumo2008/relatorios/ccs/dir/yannick_yves_andrade_robert.pdf>. Acesso em: 12 nov. 2017. p. 9.
[47] ROBERT, Yannick Yves Andrade; PLASTINO, Carlos Alberto; LEITE, Fábio Carvalho. Sacrifício de animais em rituais de religiões de matriz africanas. In: SEMINÁRIO DE INICIAÇÃO CIENTÍFICA, 16.,

A partir disso, é possível concluir que o sacrifício de animais é um rito da essência de algumas religiões, em especial as de matrizes africanas, possui um procedimento correto, busca uma troca de energias entre o fiel e o animal com o objetivo de comunicação com os deuses, os *orixás,* e, se realizado da maneira correta, não acarreta sofrimento animal, pois há a prática da imolação, na qual o animal é hipnotizado.

2008. Rio de Janeiro. **Anais...** Rio de Janeiro: PUC-Rio, 2008. Disponível em: <http://www.puc-rio.br/pibic/relatorio_resumo2008/relatorios/ccs/dir/yannick_yves_andrade_robert.pdf>. Acesso em: 12 nov. 2017. p. 10.

2 A DIGNIDADE ANIMAL

Neste capítulo, abordar-se-á as teorias existentes de como deve se dar o tratamento animal por parte dos humanos, a partir de dois vieses: um viés da Constituição Federal de 1988, e outro a partir de uma visão histórica de como se construiu a teoria do direito dos animais, em oposição ao paradigma antropocêntrico. Para tanto, em um primeiro momento será analisado o surgimento, a partir da inserção do inciso VII no parágrafo 1º do artigo 225 de um constitucionalismo que abrange os animais, e suas diferentes interpretações, o que busca proteger, sua finalidade e aplicação.

No tópico 3.2, será abordada a teoria do direito dos animais, as diferentes correntes que buscam proteger os animais da discricionariedade humana.

2.1 CONCEITUAÇÃO E PREVISÃO CONSTITUCIONAL

A dignidade animal foi abarcada pela Constituição Federal de 1988 no artigo 225, parágrafo 1º, inciso VII, pois, ao proibir que o animal seja tratado de forma cruel, reconhece ao animal não-humano o direito de ter respeitado o seu valor intrínseco, sua integridade, vida e liberdade.[48] Embora esteja localizada erroneamente dentro do direito ao meio ambiente ecologicamente equilibrado, o que o direito dos animais defende é que essa proteção se aplica ao animal individualmente considerado, proibindo a crueldade com os indivíduos animais, por serem estes sencientes, não levando somente em consideração o meio ambiente ecologicamente equilibrado.

No mesmo sentido:

> Dessa forma, essa norma constitucional trouxe uma nova perspectiva para a compreensão jurídica acerca dos animais não-humanos, pois ao vedar as práticas que submetem os animais à crueldade, ela protegeu diretamente os animais não-humanos e demonstrou principalmente uma preocupação com a vida desses seres. Assim, evidencia-se o reconhecimento de um valor próprio desses animais. Afinal, os benefícios fornecidos aos animais humanos em decorrência dessa vedação são apenas incidentais.[49]

---

[48] SILVA. Tagore Trajano de Almeida. **Teoria da constituição**: direito animal e pós-humanismo. RIDB, a. 2, n. 10, p. 11714, 2013. Disponível em: <http://www.cidp.pt/publicacoes/revistas/ridb/2013/10/2013_10_11683_11731.pdf>. Acesso em: 10 nov. 2017.

[49] PALAR, Juliana Vargas; RODRIGUES, Nina Trícia Disconzi; CARDOSO, Waleska Mendes. A vedação da crueldade para com os animais não humanos à luz da interpretação constitucional. **Revista de Direito Brasileira**, v. 16, n. 7, p. 310, 2017. Disponível em: <http://www.rdb.org.br/ojs/index.php/rdb/article/view/544>. Acesso em: 22 nov. 2017.

Nas constituições brasileiras anteriores, não se falava em direito ambiental, muito menos em proteção animal, havendo regulamentação quanto a esses assuntos somente em legislação infraconstitucional.[50] É de suma importância o que consta hoje na Constituição, especialmente por ser considerado um direito fundamental o direito ao meio ambiente, no qual se inclui o direito a proteção dos animais. Embora nem todos os direitos fundamentais estejam expressamente positivados na Constituição do respectivo Estado, assim como nem todos os direitos expressamente constitucionalizados são direitos fundamentais,[51] o direito ao meio ambiente é um direito fundamental positivado na constituição, considerado um direito de terceira dimensão por Sérgio Resende de Barros.[52]

Fernanda Medeiros destaca que o surgimento do movimento protecionista ambiental moderno está ligado a ameaça econômica que a falta de recursos naturais pode ocasionar, a partir de uma relação desequilibrada que se estabeleceu entre ambiente e desenvolvimento econômico.[53] Em função da degradação ambiental, a autora defende um novo paradigma que vise a proteção do meio ambiente.[54]

Apesar da fauna, ou seja, ou animais não-humanos estarem englobados no conceito e proteção de meio ambiente, Laerte Fernando Levai, em palestra proferida no 3º Encontro Nacional de Direitos Animais (ENDA), em Porangaba, aos 9 de junho de 2012, relata que a inserção do referido inciso no artigo 225 se deu por iniciativa de do eminente professor Paulo Nogueira Neto, então titular do Instituto de Biociências da USP, que se empenhou em dar voz às sociedades protetoras de animais perante os parlamentares constituintes. Sensível ao apelo das então lideranças da causa animal no Brasil, como Sônia Peralli Fonseca e Ana Maria

---

[50] PALAR, Juliana Vargas; RODRIGUES, Nina Trícia Disconzi; CARDOSO, Waleska Mendes. A vedação da crueldade para com os animais não humanos à luz da interpretação constitucional. **Revista de Direito Brasileira**, v. 16, n. 7, p. 305-323, 2017. Disponível em: <http://www.rdb.org.br/ojs/index.php/rdb/article/view/544>. Acesso em: 22 nov. 2017.

[51] SILVA, Reinaldo Pereira e. A teoria dos direitos fundamentais e o ambiente natural como prerrogativa humana individual. **Anuario de derecho constitucional latino-americano**, Buenos Aires, v. 13, n. 2, p. 545–569, 2007. Disponível em: <https://revistas-colaboracion.juridicas.unam.mx/index.php/anuario-derecho-constitucional/article/download/30389/27428>. Acesso em: 14 nov. 2017.

[52] BARROS, Resende de. Noções sobre gerações de direitos. [S.l.], 2010. Disponível em: <http://www.srbarros.com.br/pt/nocoes-sobre-geracoes-de-direitos.cont >. Acesso em: 19 nov. 2017.

[53] DIAS, Edna Cardozo. **A tutela jurídica dos animais**. 1. ed. Belo Horizonte: Mandamentos, 2000.

[54] "[...] pode ser entendida como uma atividade eminentemente modificadora do ambiente, tendo em vista a alteração de processos naturais, de características físicas, químicas e/ou biológicas que, de alguma forma, interferem nos usos preexistentes de um determinado meio ambiente". MEDEIROS, Fernanda Luiza Fontoura de. **Princípio da dignidade da vida para além do animal humano**: um dever fundamental de proteção. 2009. 142 f. Tese (Doutorado em Direito) - Universidade Federal de Santa Catarina, Centro de Ciências Jurídicas, Programa de Pós-Graduação em Direito, Florianópolis, 2009. f. 142. Disponível em: <http://repositorio.ufsc.br/xmlui/handle/123456789/92358>. Acesso em: 22 nov. 2017.

Pinheiro (SP), Edna Cardozo Dias (MG), Circe Amado (RJ), Paula Francinete (PB), Geusa Leitão (CE), dentre outras tantas personalidades importantes que atuaram nos anos 80 em prol do mesmo ideal.[55] Levai também afirma que o inciso VII rompe com a visão antropocêntrica do direito brasileiro, diferentemente da maioria dos dispositivos legais que tentam proteger os animais, mas não se sustentam a uma visão crítica.[56]

Tagore Silva defende, em seu Teoria da Constituição - direito animal e pós humanismo que para interpretar a Constituição de 88 é preciso adotar-se uma visão holística do Direito, capaz de incluir destinatários da Constituição além do homem. O autor demonstra que, assim como houve forte resistência por parte das áreas do direito mais tradicionais para a criação de um ramo do direito ambiental, assim também acontece com a emancipação de uma matéria de Direito dos Animais, tentando apartar-se do Direito Ambiental. Tanto o Direito Ambiental como o Direito dos Animais contribuem para a construção de um pós-humanismo.

Silva afirma que o inciso VII é o *princípio fundante* da disciplina de Direito Animal, "consubstanciado do dever de "respeito inter-espécies, (negação do especismo), e no princípio/regra (postulado normativo) da dignidade animal".[57] Ou seja, para ele, a máxima contida na constituição de não crueldade com os animais é a porta de entrada para que se fala em direito dos animais no Brasil. Ainda relembra, citando Laurence Tribe, que no direito americano, assim como no brasileiro, se tem atribuído direitos para entidades que não são seres humanos, como igrejas, sociedades, corporações e municípios.[58]

Desse modo, faz-se necessário que os operadores do direito fundamentem o direito animal constitucional, para que se ultrapasse esse momento de abstração

---

[55] Meio ambiente compreendido como: o conceito de meio ambiente deverá ser abrangente de toda a natureza original e artificial, bem como os bens culturais correlatos compreendendo, portanto, o solo, a água, o ar, a flora, as belezas naturais, o patrimônio histórico, artístico, turístico, paisagístico e arqueológico. MEDEIROS, Fernanda Luiza Fontoura de. **Princípio da dignidade da vida para além do animal humano**: um dever fundamental de proteção. 2009. 142 f. Tese (Doutorado em Direito) - Universidade Federal de Santa Catarina, Centro de Ciências Jurídicas, Programa de Pós-Graduação em Direito, Florianópolis, 2009. Disponível em: <http://repositorio.ufsc.br/xmlui/handle/123456789/92358>. Acesso em: 22 nov. 2017.

[56] LEVAI, Fernando Laerte. A Luta pelos direitos animais no Brasil: Passos Para o futuro. **Revista Brasileira de Direito Animal**, v. 7, n. 10, p. 175-187, 2012. Disponível em: <https://portalseer.ufba.br/index.php/RBDA/article/view/8402>. Acesso em: 10 nov. 2017.

[57] LEVAI, Fernando Laerte. A Luta pelos direitos animais no Brasil: Passos Para o futuro. **Revista Brasileira de Direito Animal**, v. 7, n. 10, p. 175-187, 2012. Disponível em: <https://portalseer.ufba.br/index.php/RBDA/article/view/8402>. Acesso em: 10 nov. 2017.

[58] SILVA. Tagore Trajano de Almeida. Teoria da constituição: direito animal e pós-humanismo. **RIDB**, a. 2, n. 10, p. 11683-11731, 2013. Disponível em: <http://www.cidp.pt/publicacoes/revistas/ridb/2013/10/2013_10_11683_11731.pdf>. Acesso em: 10 nov. 2017.

formal do ordenamento constitucional brasileiro.[59] A partir do momento em que se inseriu este dispositivo na Constituição, cabe à sociedade e aos legisladores efetivarem-no, sendo vedado o retrocesso em matéria de direito fundamental. "Não se pode mais conceber legislações que visem a diminuir ou a aniquilar com o valor do animal conferido pela constituição".[60]

Regan lembra que os vulneráveis, como os não-humanos, que não podem se manifestar para exigir seus direitos, provocam naqueles que têm capacidade para tanto um dever de defende-los em favor daqueles.[61] Ademais, em decorrência do princípio do não retrocesso social, Tagore Silva propõe que se crie uma norma de segundo grau para garantir a efetivação da norma constitucional, sendo que após essa norma ser criada ela não pode mais ser suprimida, por estar regulando um assunto que versa sobre direitos fundamentais onde havia uma lacuna jurídica.[62]

2.2 A TEORIA DO DIREITO DOS ANIMAIS E O PARADIGMA ANTROPOCÊNTRICO

Ao longo da história, foi sendo construído o paradigma antropocêntrico em que o direito está submerso hoje. O antropocentrismo foi pensado ao fim da idade média para retirar Deus do centro do entendimento humano e colocar o próprio homem. No entanto, o que naquela época era necessário para superar ideias ultrapassadas, hoje se mostra muito fragilizado pelas novas concepções de mundo, que ameaçam o paradigma antropocêntrico. Para melhor compreendê-lo, é necessário compreender suas duas vertentes e três correntes que vão de encontro a suas ideias.

O antropocentrismo pode ser dividido em radical e moderado, sendo o primeiro calcado na visão de que os animais humanos pertencem a uma categoria especial, partindo do pressuposto de que a vida humana possui um valor singular,

---

[59] SILVA. Tagore Trajano de Almeida. Teoria da constituição: direito animal e pós-humanismo. **RIDB**, a. 2, n. 10, p. 11683-11731, 2013. Disponível em: <http://www.cidp.pt/publicacoes/revistas/ridb/2013/10/2013_10_11683_11731.pdf>. Acesso em: 10 nov. 2017..

[60] SILVA. Tagore Trajano de Almeida. Teoria da constituição: direito animal e pós-humanismo. **RIDB**, a. 2, n. 10, p. 11683-11731, 2013. Disponível em: <http://www.cidp.pt/publicacoes/revistas/ridb/2013/10/2013_10_11683_11731.pdf>. Acesso em: 10 nov. 2017.

[61] REGAN, Tom. **Jaulas vazias**: Encarando o Desafio dos Direitos Animais. 1. ed. São Paulo: Lugano Editora, 2006. p. 50-51.

[62] SILVA. Tagore Trajano de Almeida. Teoria da constituição: direito animal e pós-humanismo. **RIDB**, a. 2, n. 10, p. 11683-11731, 2013. Disponível em: <http://www.cidp.pt/publicacoes/revistas/ridb/2013/10/2013_10_11683_11731.pdf>. Acesso em: 10 nov. 2017.

enquanto as demais vidas são meros recursos da humanidade.[63] Por outro lado, há o antropocentrismo moderado, no qual há uma defesa do meio ambiente mas a partir de uma visão utilitária dele. Acredita-se que somente os seres humanos são moralmente relevantes, mas fazem parte de um todo (ambiente) que deve ser respeitado.[64]

A partir das tragédias ambientais causadas pelos humanos, surgem o sensocentrismo, o biocentrismo e o ecocentrismo. No primeiro deles, se reafirma a consideração de valor aos animais não-humanos, em especial os seres sencientes, ou seja, seres dotados de sistema nervoso sofisticado o suficiente para possibilitar a experiência dolorosa. O segundo deles, biocentrismo, não privilegia nem a racionalidade, nem a sensibilidade mental, ao definir quem são os sujeitos morais, mas o *bem-próprio*, considerado um *valor inerente* à vida, algo que a ética deve preservar.[65] Ou seja, o biocentrismo engloba, além dos animais não-humanos, as plantas e os organismos unicelulares. Por último, o ecocentrismo amplia um pouco mais o campo de consideração moral, e abrange o ecossistema como um todo, "[...] em uma outra perspectiva, associando propriedades sistêmicas, auto-regulação, harmonia, diversidade das partes, estabilidade e integridade".[66]

O antropocentrismo, como visto, está ligado a destruição do meio ambiente pelo homem, que se sente desconectado e legitimado por essa ideologia a se utilizar do meio ambiente como lhe aprouver. E, inserido no meio ambiente, está ligado à destruição da fauna e dos animais não-humanos, sujeitos dessa pesquisa. No entanto, boa parte das teorias morais, embasadas nesta ideologia, exigem características semelhantes às humanas nos animais para lhes conceder

---

[63] MEDEIROS, Fernanda Luiza Fontoura de. **Princípio da dignidade da vida para além do animal humano**: um dever fundamental de proteção. 2009. 142 f. Tese (Doutorado em Direito) - Universidade Federal de Santa Catarina, Centro de Ciências Jurídicas, Programa de Pós-Graduação em Direito, Florianópolis, 2009. 142 f. Disponível em: <http://repositorio.ufsc.br/xmlui/handle/123456789/92358>. Acesso em: 22 nov. 2017.

[64] MEDEIROS, Fernanda Luiza Fontoura de. **Princípio da dignidade da vida para além do animal humano**: um dever fundamental de proteção. 2009. 142 f. Tese (Doutorado em Direito) - Universidade Federal de Santa Catarina, Centro de Ciências Jurídicas, Programa de Pós-Graduação em Direito, Florianópolis, 2009. 142 f. Disponível em: <http://repositorio.ufsc.br/xmlui/handle/123456789/92358>. Acesso em: 22 nov. 2017.

[65] FILIPE, Sonia T. Antropocentrismo, sencientismo e biocentrismo: perspectivas éticas abolicionistas, bem-estaristas e conservadoras e o estatuto de animais não-humanos. **Revista Páginas de Filosofia**, v. 1, n.1, p.2-30, 2009. Disponível em: <https://www.metodista.br/revistas/revistas-ims/index.php/PF/article/view/864/1168>. Acesso em: 22 nov. 2017.

[66] MEDEIROS, Fernanda Luiza Fontoura de. **Princípio da dignidade da vida para além do animal humano**: um dever fundamental de proteção. 2009. 142 f. Tese (Doutorado em Direito) - Universidade Federal de Santa Catarina, Centro de Ciências Jurídicas, Programa de Pós-Graduação em Direito, Florianópolis, 2009. 142 f. Disponível em: <http://repositorio.ufsc.br/xmlui/handle/123456789/92358>. Acesso em: 22 nov. 2017.

consideração moral, pela crença de que existe uma superioridade humana. Em função disso é mais fácil defender a inclusão dos grandes primatas neste debate, pelas imensas similitudes entre estes e os humanos, e ignorar que existe uma imensa gama de animais que possuem senciência, e, mesmo diferentes dos humanos, sofrem e sentem dor.

Desde a antiguidade, com os gregos, haviam ideias de superioridade dos homens livres em relação aos escravos. Aristóteles considerava os animais como os escravos dos pobres, sendo natural o domínio dos homens sobre os animais.[67] Nesse sentido, os animais não teriam interesse próprio, existindo apenas para o benefício dos seres humanos.[68] Pitágoras, no entanto, afirmava que maltratar animais não humanos era o mesmo que maltratar humanos, pois tanto os humanos quanto os animais podem reencarnar em novas vidas, humanas e não humanas.[69]

Para Aristóteles, maltratar um animal não é errado no sentido de causar-lhes dor ou sofrimento, porque na sua concepção eles não têm consciência para isto, mas sim no sentido de danificar ou destruir a posse de um ser humano, ou seja, há um dever moral indireto de não-violência com os animais.[70] Apesar do intervalo de tempo entre a antiguidade e os dias de hoje, o Código Civil brasileiro de 2002 ainda considera os danos aos animais no sentido destes serem posses de outrem, e os considera como bens móveis para fins jurídicos. Expressões como *res*, *peça*, *cabeça*, *carcaça*, entre outras, são comumente usadas para se referir aos animais, fazendo parte do processo humano de dessensibilização com relação a estes. Percebe-se, assim, a difusão e manutenção dessas ideias, apesar dos esforços de teóricos em defesa dos animais, que se intensificaram no último século.[71]

---

[67] DIAS, Edna Cardoso. A defesa dos animais e as conquistas legislativas do movimento de proteção animal no Brasil. **Revista Brasileira de Direito Animal**, Salvador, v. 2, n. 2, p. 149-168, 2007. Disponível em: <http://www.portalseer.ufba.br/index.php/RBDA/article/view/10297/7357>. Acesso em: 22 nov. 2017.

[68] DOVAL, Lenize Maria Soares. **Direitos dos animais:** uma abordagem histórico-filosófica e a percepção de bem-estar animal. 2008, 100 f. Monografia (bacharelado) – Universidade Federal do Rio Grande do Sul, Graduação em Medicina Veterinária. Porto Alegre, 2008, 100 f. Disponível em: <http://www.lume.ufrgs.br/bitstream/handle/10183/16438/000661804.pdf?sequence=1>. Acesso em: 10 nov. 2017.

[69] FILIPE, Sonia T. Antropocentrismo, sencientismo e biocentrismo: perspectivas éticas abolicionistas, bem-estaristas e conservadoras e o estatuto de animais não-humanos. **Revista Páginas de Filosofia,** v. 1, n.1, p. 2-30, 2009. Disponível em: <https://www.metodista.br/revistas/revistas-ims/index.php/PF/article/view/864/1168>. Acesso em: 22 nov. 2017.

[70] FILIPE, Sonia T. Antropocentrismo, sencientismo e biocentrismo: perspectivas éticas abolicionistas, bem-estaristas e conservadoras e o estatuto de animais não-humanos. **Revista Páginas de Filosofia,** v. 1, n. 1, p. 2-30, 2009. Disponível em: <https://www.metodista.br/revistas/revistas-ims/index.php/PF/article/view/864/1168>. Acesso em: 22 nov. 2017.

[71] FILIPE, Sonia T. Antropocentrismo, sencientismo e biocentrismo: perspectivas éticas abolicionistas, bem-estaristas e conservadoras e o estatuto de animais não-humanos. **Revista Páginas de Filosofia,** v. 1, n.1, p. 2-30, 2009. Disponível em: <https://www.metodista.br/revistas/revistas-

Plutarco, que viveu entre 56 e 120 d.C., foi o primeiro a defender que os maus tratos dos humanos com os animais os brutaliza, os tornando insensíveis para com os humanos e com os animais. Refere também que os animais possuem sentidos, percepção, imaginação e inteligência.[72] O mesmo raciocínio é encontrado em Porfídio. No entanto, as ideias que dominaram esse período e se propagaram até os dias de hoje foram as de Aristóteles.

O Antropocentrismo sustenta que os animais existem apenas para servir aos interesses dos seres da espécie biológica *Homo sapiens*.[73] Contra ele, sempre existiram vozes dissidentes, pessoas que se questionaram sobre o que diferenciaria tanto assim os homens dos animais, a ponto de uns serem completamente excluídos de proteção moral, apesar das diversas semelhanças que nos unem. Um desses dissidentes, e um marco no sentido de desestabilizar o antropocentrismo, foi Charles Darwin. O livro Origem das Espécies, publicado primeiramente em 1859, demonstra que todos os animais têm uma origem comum, o que foi veementemente rechaçado pelos antropocêntricos ferrenhos, que afirmavam uma enorme diferença entre macacos e humanos, apesar de nosso DNA 99,4% igual ao dos chimpanzés.[74]

Frans de Waal, no livro *Eu, Primata: por que somos como somos*, critica a nossa visão antropocêntrica de mundo:

> Devíamos ficar felizes com a possibilidade de a empatia ser parte da nossa herança primata, mas não temos o hábito de aceitar de bom grado nossa natureza. Quando pessoas cometem genocídio, nós as chamamos de "animais". Mas, quando fazem caridade, nós as elogiamos por serem "humanas".[75]

A empatia e a caridade, que, segundo Frans de Waal, o ser humano herdou dos animais, foi percebida por ele em suas pesquisas, como a capacidade dos chimpanzés de se contagiarem com um bocejo (o que demonstra senso de

---

ims/index.php/PF/article/view/864/1168>. Acesso em: 22 nov. 2017.

[72] FILIPE, Sonia T. Antropocentrismo, sencientismo e biocentrismo: perspectivas éticas abolicionistas, bem-estaristas e conservadoras e o estatuto de animais não-humanos. **Revista Páginas de Filosofia,** v. 1, n.1, p. 2-30, 2009. Disponível em: <https://www.metodista.br/revistas/revistas-ims/index.php/PF/article/view/864/1168>. Acesso em: 22 nov. 2017.

[73] FILIPE, Sonia T. Antropocentrismo, sencientismo e biocentrismo: perspectivas éticas abolicionistas, bem-estaristas e conservadoras e o estatuto de animais não-humanos. **Revista Páginas de Filosofia,** v. 1, n.1, p. 2-30, 2009. Disponível em: <https://www.metodista.br/revistas/revistas-ims/index.php/PF/article/view/864/1168>. Acesso em: 22 nov. 2017.

[74] FILIPE, Sonia T. Antropocentrismo, sencientismo e biocentrismo: perspectivas éticas abolicionistas, bem-estaristas e conservadoras e o estatuto de animais não-humanos. **Revista Páginas de Filosofia,** v. 1, n.1, p. 2-30, 2009. Disponível em: <https://www.metodista.br/revistas/revistas-ims/index.php/PF/article/view/864/1168>. Acesso em: 22 nov. 2017.

[75] WAAL, Frans de. **Eu, primata:** porque somos o que somos. 1. ed. São Paulo: Companhia das Letras, 2007. p. 8.

empatia), ou a tendência dos mesmos em fazer escolhas pró-sociais. Há também a demonstração de um senso de justiça, em um experimento em que fêmeas de macacos-prego são colocadas em baterias de testes e recebem recompensas diferentes para fazer a mesma atividade. O macaco-prego que recebeu a recompensa inferior passou a recusá-la quando percebeu que o outro recebia melhor recompensa, e, em alguns casos, o que recebia a recompensa melhor se recusou a cumprir a tarefa até que o outro recebesse a mesma recompensa.[76]

No campo biológico, ninguém atualmente questiona que os homens estão dentro da classe dos primatas com polegares opositores, junto dos demais grandes primatas. Mas para que isso se reflita no campo do direito, há um grande caminho a percorrer. A ideia de que existam *direito dos animais* é considerada implausível para a maioria dos humanos. No entanto, nós já possuímos leis que protegem minimamente os animais de serem maltratados. Porém, os defensores dos direitos dos animais vão além disso, podendo suas ideias serem melhor compreendidas por esse trecho de Regan:

> Direitos animais é uma ideia simples porque, no nível mais básico, significa apenas que os animais têm o direito de serem tratados com respeito. E é uma ideia profunda porque suas implicações têm amplas consequências. [...] Vamos ter de parar de criá-los por causa de sua carne. Vamos ter de parar de matá-los por causa de sua pele. Vamos ter de parar de treiná-los para que nos divirtam. Vamos ter de parar de usá-los em pesquisas científicas.[77]

Com o advento do cristianismo, foi cunhada a ideia de que os animais foram concedidos por Deus para o usufruto dos homens. Exemplo disso é a seguinte frase extraída do Gênesis da bíblia: "façamos o homem a nossa imagem e semelhança, para que tenha domínio sobre os peixes do mar, sobre as aves dos céus, sobre a terra e sobre todos os répteis que rastejam pela terra"[78]. Na Bíblia, é frequente o sacrifício de animais para homenagear Deus, e os argumentos religiosos são utilizados até hoje para justificar a utilização dos animais. São Tomás de Aquino refere que o humano segundo as leis da moralidade deve cultuar o divino superior,

---

[76] WAAL, Frans de. Comportamento moral em animais. **TED Talks**. Disponível em: <https://www.ted.com/talks/frans_de_waal_do_animals_have_morals?language=pt-br#t-950170>. Acesso em: 22 nov. 2017.

[77] REGAN, Tom. **Jaulas vazias:** Encarando o Desafio dos Direitos Animais. 1. ed. São Paulo: Lugano Editora, 2006. p. 12.

[78] BÍBLIA. Português. **Bíblia Sagrada.** Tradução Conferência Nacional dos Bispos do Brasil. São Paulo, SP: Loyola, 2001.

respeitar o próximo (ser humano), e ter a posse das coisas inferiores (entre elas, os animais).[79]

Neste sentido, afirma Levai:

> O antropocentrismo, portanto, liga-se umbilicalmente ao postulado cristão que busca essência divina nos homens (que seriam filhos de Deus), conceito esse que permitiu – do ponto de vista moral e jurídico – a perpétua exploração dos animais, conforme a fábula bíblica da criação.[80]

Emanuel Kant, embora racionalista, mantém a visão bíblica de superioridade dos homens em relação aos animais, afirmando serem estes meros objetos.[81] Ao mesmo tempo em que reconhece que os animais podem sofrer, Kant nega qualquer responsabilidade moral direta para com eles, porque não são seres racionais; são meramente meios para os fins humanos.[82] Descartes chegou ao ápice da instrumentalização dos animais pelo pensamento racional, classificando-os como meros objetos, como um relógio, sendo os sons produzidos por estes meros barulhos do funcionamento de uma engrenagem. Também defendia o que chamamos hoje de vivissecção e experimentação com animais, reduzindo-os a simples autômatos com comportamentos vegetativos.[83] "Um cachorro chorando, Descartes afirma, não é diferente do gemido de uma engrenagem que precisa de óleo".[84]

Ao final do século XVIII, um texto de HumphyPrimatt é considerado um marco inicial na crise do pensamento racionalista e contratualista da exclusão dos animais do campo de consideração moral, no qual o autor defendia a inclusão dos animais dotados de sensibilidade no imperativo de Kant.[85]

---

[79] LEVAI, Laerte. **Os animais sob a visão da ética.** São José dos Campos, [20-?]. Disponível em: <http://www.mp.go.gov.br/portalweb/hp/9/docs/os__animais__sob__a__visao__da__etica.pdf>. Acesso em: 22 nov. 2017.

[80] LEVAI, Laerte. **Os animais sob a visão da ética.** São José dos Campos, [20-?]. Disponível em: <http://www.mp.go.gov.br/portalweb/hp/9/docs/os__animais__sob__a__visao__da__etica.pdf>. Acesso em: 22 nov. 2017. p. 6.

[81] LEVAI, Laerte. **Os animais sob a visão da ética.** São José dos Campos, [20-?]. Disponível em: <http://www.mp.go.gov.br/portalweb/hp/9/docs/os__animais__sob__a__visao__da__etica.pdf>. Acesso em: 22 nov. 2017.

[82] FRANCIONE, Gary L. **Introduction to animal rights:** Your child ou the dog? Philadelphia, Temple University Press, 2000. p. 3. Tradução nossa.

[83] CURY, Carolina Maria Nasser. Direitos Dos Animais: Análise de Teorias sob o Enfoque Pragmatista. **Revista Eletrônica do Curso de Direito**, PUC Minas Serro, n. 3, p. 154-173, 2011. Disponível em: <http://periodicos.pucminas.br/index.php/DireitoSerro/article/view/2001/2172>. Acesso em: 22 nov. 2017.

[84] FRANCIONE, Gary L. **Introduction to animal rights:** Your child ou the dog? Philadelphia, Temple University Press, 2000. p. 6. (tradução nossa).

[85] BRAZ, Laura Cecília Fagundes Dos Santos; SILVA, Tagore Trajano de Almeida. O processo de coisificação animal decorrente da teoria contratualista racionalista e a necessária ascensão de um novo paradigma. Revista Brasileira de Direito, v. 11, n. 2, p. 44-52, 2015. Disponível em:

Jeremy Bentham, considerado pai do utilitarismo, afirma que o que deve ser analisado para a consideração ética não é a racionalidade, mas sim a capacidade de sofrer.[86] Se isso não ocorrer, segundo Bentham, corre-se o risco de excluir do campo de consideração moral os seres humanos que não possuem a capacidade racional plenamente desenvolvida.[87] O pensamento de Bentham representa uma revolução no pensamento humano em relação aos animais, por ser o primeiro a afirmar que temos deveres em relação aos animais, e unicamente por serem estes sencientes.[88] Neste sentido, Bentham afirma:

> O dia vai chegar em que o resto da criação animal pode adquirir aqueles direitos que nunca poderiam ter sido tirados deles, exceto pela mão da tirania. Os franceses já descobriram que a cor escura da pele não é motivo para que um ser humano seja abandonado sem reparação ao capricho de um atormentador... Um cavalo ou um cão adultos são incomparavelmente mais racionais, bem como animais mais fáceis de conversar com, do que uma criança de um dia, ou uma semana, ou mesmo um mês de idade. Mas suponha que o caso fosse o contrário, de que isso importaria? A questão não é, eles podem pensar? Nem, eles podem falar? Mas, eles podem sofrer? (Tradução nossa).[89]

Importante marco teórico na defesa dos animais foi a publicação em 1975 do livro Libertação Animal, por Peter Singer. Proponente moderno de Jeremy Bentham, Singer tem como base o utilitarismo para considerar de forma semelhante os interesses de seres humanos e animais. De acordo com Francione, Singer rejeita o especismo e defende que devemos aplicar o princípio da igual consideração de interesses a todos os seres sencientes, no entanto sem defender a abolição do status de propriedade dos animais.[90] A teoria fundada por ele ficou conhecida como Libertarismo, que não objetiva acabar com a utilização dos animais para os propósitos humanos, tentando, porém, considerar os interesses dos animais juntamente com os humanos para resolver problemas morais.

<https://seer.imed.edu.br/index.php/revistadedireito/article/view/985>. Acesso em: 10 nov.2017.
[86] BENTHAM, Jeremy. **An introduction to the principles of morals and legislation**. Londres: W. Pickering, 1823. Disponível em: <https://www.utilitarianism.com/jeremy-bentham/index.html >. Acesso em: 20 out. 2017.
[87] BENTHAM, Jeremy. **An introduction to the principles of morals and legislation**. Londres: W. Pickering, 1823. Disponível em: <https://www.utilitarianism.com/jeremy-bentham/index.html >. Acesso em: 20 out. 2017.
[88] FRANCIONE, Gary L. **Introduction to animal rights:** Your child ou the dog? Philadelphia, Temple University Press, 2000. p. 3. Tradução nossa.
[89] SUSTEIN, Cass. R.; NUSSBAUM, Martha C. **Animal rights**. Current Debates and New Directions. Oxfort University Press, 2004. p. 3.
[90] FRANCIONE, Gary L. **Introduction to animal rights:** Your child ou the dog? Philadelphia, Temple University Press, 2000.

O argumento utilitarista se torna perigoso na medida em que um ato que causar benefício a muitas pessoas pode ser justificado pelo sofrimento imposto a um único ser. Aliado ao antropocentrismo, é recorrente o argumento de que é moralmente correta a morte de milhares de animais domesticados para o fim da alimentação humana, em nome de um prazer gustativo ou manutenção de um hábito humano muito antigo, em detrimento da vida e da dignidade animal. Regan se utiliza do exemplo dos experimentos realizados em Tuskeegee sobre a sífilis, no qual os pesquisadores afirmaram para as pessoas enfermas que estavam passando por um tratamento para serem curadas, enquanto, na realidade, não recebiam qualquer tratamento para o fim de análise dos efeitos da sífilis ao longo prazo no corpo humano.[91] A partir disso, Regan afirma:

> O estudo de Tuskegee ilustra o porquê de "bons fins" não justificarem "maus meios". O que os pesquisadores fizeram estava errado, e estava errado porque eles colocaram o bem de muitos acima do respeito pelo direito de poucos.[92]

Além disso, Singer e Bentham acreditam que, diferente dos humanos, os animais não têm interesses em se manter vivos, por não possuírem autoconsciência nem desejos para o futuro.[93] Os animais têm o interesse em não sofrer, mas, desde que se forneça a eles vidas sem dor, é possível se alimentar deles e substituí-los por outros sem problemas, ao contrário dos humanos que não podem ser substituídos. Em oposição a essa ideia, Francione afirma que "senciência não é um fim em si mesma – ela é um meio para o fim de se manter vivo. Seres sencientes usam sensações de dor e sofrimento para escapar de situações que ameaçam suas vidas.[94]

Tom Regan, principal proponente da teoria Abolicionista, no livro Jaulas Vazias, defende que para efetivar os direitos dos animais e os tratar de maneira justa, não basta aumentar o tamanho das jaulas, e sim aboli-las. Para tanto, Regan considera como detentores de direitos os *sujeitos-de-uma-vida*, incluindo todos os

---

[91] REGAN, Tom. **Jaulas vazias:** Encarando o Desafio dos Direitos Animais. 1. ed. São Paulo: Lugano Editora, 2006.

[92] REGAN, Tom. **Jaulas vazias:** Encarando o Desafio dos Direitos Animais. 1. ed. São Paulo: Lugano Editora, 2006. p. 49.

[93] REGAN, Tom. **Jaulas vazias:** Encarando o Desafio dos Direitos Animais. 1. ed. São Paulo: Lugano Editora, 2006.

[94] FRANCIONE, Gary L. **Introduction to animal rights:** Your child ou the dog? Philadelphia, Temple University Press, 2000.

mamíferos, e não todos os seres sencientes.[95] Quanto aos sujeitos-de-uma-vida, Regan afirma:

> Se olharmos a questão "com olhos imparciais", veremos um mundo transbordante de animais que são não apenas nossos parentes biológicos, como também nossos semelhantes psicológicos. Como nós, esses animais estão no mundo, conscientes do mundo e conscientes do que acontece com eles. E, como ocorre conosco, o que acontece com esses animais é importante para eles, quer alguém mais se preocupe com isto ou não.[96]

Tanto Regan quanto Singer destacam que negar direitos aos animais por qualquer motivo que seja, é também excluir uma parcela da humanidade de possuir esses direitos. Nesse sentido, usando-se a racionalidade como parâmetro, se estará excluindo os humanos que possuem deficiências cognitivas. Assim como a fala, pois existem seres humanos que não a possuem. Ou a autoconsciência, que só é adquirida pelas crianças depois de uma certa idade.[97]

Para Regan, o conceito de autoconsciência é a habilidade de não somente sermos conscientes do mundo, mas também sermos conscientes de estarmos no mundo. "A autoconsciência é necessária para se ter medo da morte",[98] e acrescenta que "[...] os psicólogos nos dizem que as crianças não conscientizam-se de sua própria mortalidade antes dos nove ou dez anos".[99]

Também não faz sentido negar direitos aos animais porque estes não possuem deveres, pois existe uma vasta parcela da população humana que não possui deveres e nem por isso têm seus direitos negados, como as crianças e os deficientes mentais.

A partir disto, percebe-se que os argumentos que buscam excluir os animais da comunidade moral[100] não se sustentam, sendo a expressão do antropocentrismo e especismo arraigados nas sociedades contemporâneas ocidentais. O especismo é criticado por Regan desta maneira:

---

[95] REGAN, Tom. **Jaulas vazias**: Encarando o Desafio dos Direitos Animais. 1. ed. São Paulo: Lugano Editora, 2006.

[96] REGAN, Tom. **Jaulas vazias**: Encarando o Desafio dos Direitos Animais. 1. ed. São Paulo: Lugano Editora, 2006. p. 72.

[97] REGAN, Tom. **Jaulas vazias**: Encarando o Desafio dos Direitos Animais. 1. ed. São Paulo: Lugano Editora, 2006.

[98] REGAN, Tom. **Jaulas vazias**: Encarando o Desafio dos Direitos Animais. 1. ed. São Paulo: Lugano Editora, 2006. p. 55.

[99] REGAN, Tom. **Jaulas vazias**: Encarando o Desafio dos Direitos Animais. 1. ed. São Paulo: Lugano Editora, 2006. p. 55.

[100] Uma *comunidade moral* é aquela em que a ideia de direitos morais é invocada e compreendida. Assim, todos os seres humanos são membros de uma comunidade moral porque todos os seres humanos são membros de uma comunidade na qual a ideia de direitos morais é invocada e compreendida. REGAN, Tom. **Jaulas vazias**: Encarando o Desafio dos Direitos Animais. 1. ed. São Paulo: Lugano Editora, 2006. p. 56.

> Observe isso também: direitos morais nunca podem ser negados, justificadamente, por razões arbitrárias, preconceituosas ou moralmente irrelevantes. Raça é uma dessas razões. Sexo é outra. Resumindo, diferenças *biológicas* são razões desse tipo. Como, então, poderemos acreditar que *ser membro de uma espécie* marque um limite defensável entre os animais que têm e os que não têm direitos? (Grifos do autor).[101]

Gary Francione, outro iminente proponente do abolicionismo, propõe que se abranja a comunidade moral em relação a Tom Regan, reconhecendo unicamente a senciência como critério para a inclusão dos animais. Incluem-se, assim, os peixes e os pássaros como merecedores de consideração moral e proteção legal. Francione afirma na obra *Introduction to animal rights* que, enquanto os animais forem tratados como propriedades dos humanos, eles serão tratados como coisas e não terão seus interesses morais considerados. Tal direito – o de não ser tratado como propriedade – deriva diretamente do princípio da igual consideração de interesses.[102]

Quanto à senciência animal, em função da imensa semelhança neurológica e fisiológica entre humanos e não-humanos, ela é incontroversa. Apesar disso, o nosso tratamento com os animais pode ser caracterizado pela expressão cunhada por Gary Francione como esquizofrenia moral: enquanto alguns animais são criados por nós e considerados membros de nossas famílias, e a maioria de nós se posiciona contra a crueldade com os animais, continuamos comendo suas carnes por simplesmente gostar do seu gosto.[103] Em suma:

> Em resumo, nós humanos sofremos de uma forma de esquizofrenia moral; nós dizemos uma coisa, que os animais importam e não são apenas coisas, e nós fazemos outra, tratando os animais como se eles fossem coisas que não importam nenhum pouco. A tradicional teoria do bem-estar animal falhou.[104]

Francione faz uma crítica a teoria do bem-estar animal, ao mencionar que a maioria das legislações atuais se utilizam dessa teoria, e que ela simplesmente não funciona porque os interesses dos humanos sempre prevalecem com relação aos interesses de suas propriedades. Há uma presunção de que ninguém cuida melhor de sua propriedade do que o próprio dono, presunção essa que imperava também

---

[101] REGAN, Tom. **Jaulas vazias:** Encarando o Desafio dos Direitos Animais. 1. ed. São Paulo: Lugano Editora, 2006. p. 55. p. 78. Grifos do autor.
[102] FRANCIONE, Gary L. **Introduction to animal rights:** Your child ou the dog? Philadelphia, Temple University Press, 2000.
[103] FRANCIONE, Gary L. **Introduction to animal rights:** Your child ou the dog? Philadelphia, Temple University Press, 2000.
[104] FRANCIONE, Gary L. **Introduction to animal rights:** Your child ou the dog? Philadelphia, Temple University Press, 2000. p. X. (Tradução nossa).

no tempo da escravidão humana, e que justificou todas as atrocidades de que temos conhecimento hoje.[105]

Percebe-se, com esse parâmetro, que existem duas teorias que, embora defendam a melhoria das condições dos animais, se chocam em seus posicionamentos quanto ao status de propriedade dos animais. No bem estarismo, que reflete a maioria das legislações hoje vigentes, se opta pela manutenção do status dos animais como propriedades, no entanto regulando a forma como a exploração dos animais será feita, para minimizar seu sofrimento. No abolicionismo, defendido por Gary Francione e Tom Regan, não basta regular a exploração animal; é necessário acabar com essa exploração. Para Regan, inclusive, o uso de termos como *tratamento humanitário, uso responsável, compromisso com o bem-estar animal*, são utilizados pela própria indústria que explora e vitimiza os animais todos os dias, para justificar suas práticas, sendo as mesmas utilizadas por quem defende a teoria do bem-estar animal.[106]

Tais termos citados por Regan são chamados por ele de ditos desconexos, ou seja, os donos das indústrias de exploração empregam esses termos mas não praticam o que dizem.[107] Demonstrações de como se dá na realidade a exploração animal se encontram detalhadamente nos livros Jaulas Vazias de Regan, Introdução aos direitos dos animais de Francione, Libertação Animal de Singer, e por vídeos gravados por diversos grupos de ativistas mundo afora, como o DirectionAction Everywhere.[108]

Os defensores dos direitos dos animais, ou abolicionistas, invocam a ideia Kantiana de que os seres humanos devem ser tratos como fins, não meios, e estendem essa ideia aos animais, se opondo a todo e qualquer uso dos animais. Isso inclui sua utilização em rodeios, circos, zoológicos, agricultura, caçadas e experimentos científicos e sacrifício.[109]

---

[105] FRANCIONE, Gary L. **Introduction to animal rights:** Your child ou the dog? Philadelphia, Temple University Press, 2000.

[106] REGAN, Tom. **Jaulas vazias:** Encarando o Desafio dos Direitos Animais. 1. ed. São Paulo: Lugano Editora, 2006.

[107] REGAN, Tom. **Jaulas vazias:** Encarando o Desafio dos Direitos Animais. 1. ed. São Paulo: Lugano Editora, 2006.

[108] DIRECTION Action everywhere. A Deadly Feast. **Where does the "humane" turkey really come from?** Disponível em: <https://www.directactioneverywhere.com/deadly-feast>. Acesso em: 10 nov. 2017.

[109] SUSTEIN, Cass. R.; NUSSBAUM, Martha C. **Animal rights.** Current Debates and New Directions. Oxfort University Press, 2004.

3 O CONFLITO ENTRE A LIBERDADE DE CRENÇA E O DIREITO DOS ANIMAIS SOB A ÓTICA DA CONSTITUIÇÃO DE 1988

O presente capítulo busca, através dos temas abordados nos dois capítulos anteriores, a liberdade de crença, externada a partir do sacrifício animal e o direito à dignidade animal, ambas com previsões constitucionais, responder se há realmente um conflito e, caso haja, o que se pode fazer para afastá-lo, bem como estabelecer critérios mínimos para que se possa interpretar a problemática do sacrifício animal de maneira constitucional.

Analisar-se-á a ADIN (Ação Direita de Inconstitucionalidade) nº 70010129690[110], julgado pelo Tribunal de Justiça do Rio Grande do Sul, a qual buscou declarar a inconstucionalidade da Lei 12.131 de 2004,[111] a qual acrescentou o parágrafo único do art. 2º do Código Estadual de Proteção aos Animais.

Também será objeto de estudo o caso *Church of Lukumi Babalu Aye versus City of Hialeah,* julgado pela Suprema Corte Americana, que trata também do paradoxo entre o sacrifício e a dignidade animal.[112]

Por fim, buscar-se-á, através da análise de diversos pesquisadores, uma resposta adequada à questão e qual seria a melhor maneira de enfrentá-la.

3.1 AÇÃO DIRETA DE INCONSTITUCIONALIDADE 70010129690/RS

A ADIN nº 70010129690[113] foi proposta pelo Procurador Geral de Justiça do Estado do Rio Grande do Sul, Roberto Bandeira Pereira, que sustentou a inconstitucionalidade formal e material da Lei 12.131 de 2004, a qual acrescentou o

---

[110] ESTADO DO RIO GRANDE DO SUL. Tribunal de Justiça do Estado do Rio Grande do Sul. **Ação Direta de Inconstitucionalidade 70010129690**, do Tribunal Pleno do Tribunal de Justiça. Proponente: Procurador Geral de Justiça. Requerido: Assembleia Legislativa do Estado do Rio Grande do Sul. Relator: Des. Araken de Assis. Porto Alegre, 18 abr. 2005. Disponível em: <http://www.tjrs.jus.br/site_php/consulta/download/exibe_documento.php?numero_processo=70010129690&ano=2005&codigo=339852>. Acesso em: 13 nov. 2017.

[111] RIO GRANDE DO SUL. Lei n. 12.131, de 23 de julho de 2004. Acrescenta parágrafo único ao artigo 2º da Lei nº 11.915, de 21 de maio de 2003, que institui o Código Estadual de Proteção aos Animais, no âmbito do Estado do Rio Grande do Sul. **Diário Oficial do Estado do Rio Grande do Sul**, Porto Alegre, 22 jun. 2004. Disponível em: <http://www.al.rs.gov.br/filerepository/repLegis/arquivos/12.131.pdf>. Acesso em: 12 nov. 2017.

[112] UNITED STATES OF AMERICA. United States Supreme Court. **Church of the Lukumi Babalu Aye, Inc. v. Hialeah**. Estados Unidos da América, 11 jun. 1993. Disponível em: < https://supreme.justia.com/cases/federal/us/508/520/>. Acesso em: 19 nov. 2017.

[113] ESTADO DO RIO GRANDE DO SUL. Tribunal de Justiça do Estado do Rio Grande do Sul. **Ação Direta de Inconstitucionalidade 70010129690**, do Tribunal Pleno do Tribunal de Justiça. Proponente: Procurador Geral de Justiça. Requerido: Assembleia Legislativa do Estado do Rio Grande do Sul. Relator: Des. Araken de Assis. Porto Alegre, 18 abr. 2005. Disponível em: <http://www.tjrs.jus.br/site_php/consulta/download/exibe_documento.php?numero_processo=70010129690&ano=2005&codigo=339852>. Acesso em: 13 nov. 2017.

parágrafo único ao art. 2º da Lei 11.915/2003-RS, Código Estadual de Proteção aos Animais, buscando deixar explícito que o sacrifício ritual em cultos e liturgias das religiões de matriz africana não infringia a referida legislação, desde que praticado sem excessos e crueldade.

A Lei Estadual nº 12.131/04, publicada no Diário Oficial do Estado do Rio Grande em 23 de julho de 2004, estabelece o seguinte:

> Fica acrescentado parágrafo único ao artigo 2º da Lei nº 11.915, de 21 de maio de 2003, que institui o Código Estadual de Proteção dos Animais, no âmbito do Estado do Rio Grande do Sul, com a seguinte redação:
> Art. 2º .... Parágrafo único - Não se enquadra nessa vedação o livre exercício dos cultos e liturgias de matriz africana.[114]

Na mesma data, regulamentando a alteração promovida pela Lei nº 12.131/04, foi publicado o Decreto nº 43.252, estabelecendo, em seu artigo 3º, o seguinte: "Para o exercício de cultos religiosos, cuja liturgia provém de religiões de matriz africana, somente poderão ser utilizados animais destinados à alimentação humana, sem utilização de recursos de crueldade para a sua morte".[115]

A licitude, segundo a normatização, vem condicionada a três requisitos: a) que o sacrifício animal seja realizado em culto religioso cuja liturgia provenha de religião de matriz africana; b) que animal ritualizado seja utilizado em alimentação humana; c) que, durante o sacrifício, não seja utilizado recurso de crueldade para a morte. A ação foi julgada improcedente, como se pode observar:

> CONSTITUCIONAL. AÇÃO DIRETA. SACRIFÍCIO RITUAL DE ANIMAIS. CONSTITUCIONALIDADE. 1. Não é inconstitucional a Lei 12.131/04-RS, que introduziu parágrafo único ao art. 2.º da Lei 11.915/03-RS, explicitando que não infringe ao "Código Estadual de Proteção aos Animais" o sacrifício ritual em cultos e liturgias das religiões de matriz africana, desde que sem excessos ou crueldade. Na verdade, não há norma que proíba a morte de animais, e, de toda sorte, no caso a liberdade de culto permitiria a prática. 2. AÇÃO JULGADA IMPROCEDENTE. VOTOS VENCIDOS. (Ação Direta de Inconstitucionalidade Nº 70010129690, Tribunal Pleno, Tribunal de Justiça do RS, Relator: Araken de Assis, Julgado em 18/04/2005) (TJ-RS - ADI: 70010129690 RS, Relator: Araken de Assis, Data de Julgamento:

---

[114] RIO GRANDE DO SUL. Lei n. 12.131, de 23 de julho de 2004. Acrescenta parágrafo único ao artigo 2º da Lei nº 11.915, de 21 de maio de 2003, que institui o Código Estadual de Proteção aos Animais, no âmbito do Estado do Rio Grande do Sul. **Diário Oficial do Estado do Rio Grande do Sul**, Porto Alegre, 22 jun. 2004. Disponível em: <http://www.al.rs.gov.br/filerepository/repLegis/arquivos/12.131.pdf>. Acesso em: 12 nov. 2017.
[115] BRASIL. Decreto nº. 43.252, de 24 de fevereiro de 1958. Autoriza o cidadão brasileiro José Marcelino de Oliveira a lavrar caulim e associados no município de Parelhas, Estado de Rio Grande do Norte. **Diário Oficial da União**, Brasília, DF, 24 fev. 1958. Disponível em: <http://www2.camara.leg.br/legin/fed/decret/1950-1959/decreto-43252-24-fevereiro-1958-382096-publicacaooriginal-1-pe.html>. Acesso em: 12 nov. 2017.

18/04/2005, Tribunal Pleno, Data de Publicação: Diário da Justiça do dia 17/08/2005).[116]

Os argumentos do propositor da ação foram de que, no plano formal, haveria incompetência, visto que direito penal é matéria de competência legislativa privativa da união e que, caso os julgadores não entendessem tratar-se de norma penal, mas sim de proteção à fauna, o Estado, no exercício da sua atividade normativa supletiva, não poderia desrespeitar as normas gerais editadas pela União. Alegou ainda, no plano material, que haveria uma ofensa ao princípio da isonomia, ao ter sido referido especificamente apenas os cultos de matriz africana.[117]

A Mesa da Assembleia Legislativa do Estado prestou informações, arguindo, preliminarmente, a incompetência do juízo. No mérito, aduziu que a norma impugnada não é inconstitucional, nem frente à CF/88 nem frente a CE/89. Sustentou que os rituais das religiões de matriz africana pressupõem o sacrifício de animais domésticos em suas liturgias, animais estes criados em cativeiros, para este fim específico, não havendo afronta a Lei 9.605/98. Postulou a improcedência do pedido, haja vista ausência de vício de inconstitucionalidade na matéria *sub judice*.[118]

No seu voto, o relator do acórdão, desembargador Araken de Assis, sustentou que, no que tange à inconstitucionalidade material – que é a que está sob análise na presente pesquisa – teria que ser realizada uma ponderação de princípios.

Quanto à liberdade de culto, o relator defendeu a possibilidade de sua restrição frente a outros direitos, que atualmente se resumem à lei penal e aos demais direitos fundamentais. Quanto à primeira, o desembargador citou o art. 64 da Lei das Contravenções Penais, cuja conduta caracterizada como fato típico é

---

[116] ESTADO DO RIO GRANDE DO SUL. Tribunal de Justiça do Estado do Rio Grande do Sul. **Ação Direta de Inconstitucionalidade 70010129690**, do Tribunal Pleno do Tribunal de Justiça. Proponente: Procurador Geral de Justiça. Requerido: Assembleia Legislativa do Estado do Rio Grande do Sul. Relator: Des. Araken de Assis. Porto Alegre, 18 abr. 2005. Disponível em: <http://www.tjrs.jus.br/site_php/consulta/download/exibe_documento.php? numero_processo=70010129690&ano=2005&codigo=339852>. Acesso em: 13 nov. 2017.

[117] ESTADO DO RIO GRANDE DO SUL. Tribunal de Justiça do Estado do Rio Grande do Sul. **Ação Direta de Inconstitucionalidade 70010129690**, do Tribunal Pleno do Tribunal de Justiça. Proponente: Procurador Geral de Justiça. Requerido: Assembleia Legislativa do Estado do Rio Grande do Sul. Relator: Des. Araken de Assis. Porto Alegre, 18 abr. 2005. Disponível em: <http://www.tjrs.jus.br/site_php/consulta/download/exibe_documento.php? numero_processo=70010129690&ano=2005&codigo=339852>. Acesso em: 13 nov. 2017.

[118] ESTADO DO RIO GRANDE DO SUL. Tribunal de Justiça do Estado do Rio Grande do Sul. **Ação Direta de Inconstitucionalidade 70010129690**, do Tribunal Pleno do Tribunal de Justiça. Proponente: Procurador Geral de Justiça. Requerido: Assembleia Legislativa do Estado do Rio Grande do Sul. Relator: Des. Araken de Assis. Porto Alegre, 18 abr. 2005. Disponível em: <http://www.tjrs.jus.br/site_php/consulta/download/exibe_documento.php? numero_processo=70010129690&ano=2005&codigo=339852>. Acesso em: 13 nov. 2017.

'tratar animal com crueldade ou submetê-lo a trabalho excessivo", que, segundo o ilustre julgador, não inclui o sacrifício de animais.

Ainda, o desembargador valeu-se de um argumento irrefutável: o número incalculável de animais que são mortos para a alimentação humana. E como não há, no direito brasileiro, norma que só autorize matar animal próprio para fins de alimentação, completa o julgador, não há como presumir que a morte de um animal, a exemplo de um galo, num culto religioso seja uma "crueldade" diferente daquela praticada (e louvada pelas autoridades econômicas com grandiosa geração de moedas fortes para o bem do Brasil) pelos matadouros de aves, por exemplo. O relator fez ressalva a excessos que poderiam ser configurados na lei das contravenções penais e que deveriam ser analisados caso a caso.[119]

Foi citado ainda na decisão um precedente conhecido internacionalmente como uma defesa do direito à liberdade de culto, o *caso Church of Lukumi Babalu Aye versus City of Hialeah,* o qual será analisado por esta pesquisa.[120]

O desembargador Vasco Della Giustina, o qual seguiu o voto do relator, alegou que, no caso da proteção aos animais, são vedados os maus-tratos e a crueldade e, para elucidar sua afirmação, citou o tratadista Paulo Lúcio Nogueira e sua obra *Contravenções Penais Controvertidas*, o qual aduz:

> A lei procura proteger os animais domésticos e os selvagens domesticáveis, excluindo apenas os daninhos. Entretanto, os próprios animais domésticos são mortos para satisfazer as necessidades humanas, não havendo em tais circunstâncias nenhuma infração, mas, mesmo assim, o animal deve ser morto de maneira que os meios empregados não lhe causem mais sofrimento do que os naturais. Se, para abater um animal, o homem, ao invés de o fazer com rapidez e naturalidade, procura submetê-lo a torturas desnecessárias, pode, perfeitamente, ser punido por agir com crueldade.[121]

Assim, para o iminente julgador, o sacrifício animal, se não for feito através de meio cruel ou cause sofrimento aos animais, não teria vedação de ordem legal.

---

[119] ESTADO DO RIO GRANDE DO SUL. Tribunal de Justiça do Estado do Rio Grande do Sul. **Ação Direta de Inconstitucionalidade 70010129690**, do Tribunal Pleno do Tribunal de Justiça. Proponente: Procurador Geral de Justiça. Requerido: Assembleia Legislativa do Estado do Rio Grande do Sul. Relator: Des. Araken de Assis. Porto Alegre, 18 abr. 2005. Disponível em: <http://www.tjrs.jus.br/site_php/consulta/download/exibe_documento.php?numero_processo=70010129690&ano=2005&codigo=339852>. Acesso em: 13 nov. 2017.

[120] ESTADO DO RIO GRANDE DO SUL. Tribunal de Justiça do Estado do Rio Grande do Sul. **Ação Direta de Inconstitucionalidade 70010129690**, do Tribunal Pleno do Tribunal de Justiça. Proponente: Procurador Geral de Justiça. Requerido: Assembleia Legislativa do Estado do Rio Grande do Sul. Relator: Des. Araken de Assis. Porto Alegre, 18 abr. 2005. Disponível em: <http://www.tjrs.jus.br/site_php/consulta/download/exibe_documento.php?numero_processo=70010129690&ano=2005&codigo=339852>. Acesso em: 13 nov. 2017.

[121] NOGUEIRA, Paulo Lúcio. **Contravenções Penais Controvertidas**. 5. ed. São Paulo. Editora Leud, 1996. p. 163.

Já a Desembargadora Maria Berenice Dias, embora também tenha votado com o relator, fez uma ressalva quanto à previsão legal tratar apenas das religiões de matriz africana, citando que a Constituição Federal, ao garantir e proteger as manifestações culturais e populares, não faz nenhum tipo de diferenciação e que há outras religiões que também se valem do sacrifício animal em suas liturgias.[122]

O Desembargador Alfredo Foerster, diferentemente dos demais, votou contrário ao relator, alegando, em suma, que o direito à vida deve prevalecer sempre, não sendo relevante a questão da crueldade ou não. Ainda, o julgador argumentou que a lei estadual, ao permitir o sacrifício de animais somente para as religiões de matriz africana, cria um *privilégio* apenas para uma religião -em detrimento da demais e também adeptas desses rituais-, atentando contra o princípio da igualdade.[123]

Outra explanação interessante foi a do Desembargador Antônio Carlos Stangler Pereira, o qual lembrou que o sacrifício de animais faz parte da ritualística dos cultos afro-brasileiros, com raízes sociológicas e religiosas, mas não é exclusividade destes, havendo casos de sacrifícios de animais por parte dos mulçumanos quando termina o período do Ramadã, ocasião em que um cordeiro é degolado. Citou também a religião judaica, na qual existe o *shochet*, para o abate ritual de animais e aves, mediante a degola. Apontou também o fato de que, nos frigoríficos, quando se faz a exportação de carne para Israel, também a matança observa a *shechitá* - método de abate ritual de animais e aves que consiste em passar rapidamente uma faca na parte da frente da garganta-, para que a carne seja considerada *Kosher*. O julgador concluiu alegando que proibir tal prática seria uma afronta à liberdade religiosa prevista constitucionalmente, assim como uma contradição frente às mortes em abatedouros e frigoríficos.[124]

---

[122] ESTADO DO RIO GRANDE DO SUL. Tribunal de Justiça do Estado do Rio Grande do Sul. **Ação Direta de Inconstitucionalidade 70010129690**, do Tribunal Pleno do Tribunal de Justiça. Proponente: Procurador Geral de Justiça. Requerido: Assembleia Legislativa do Estado do Rio Grande do Sul. Relator: Des. Araken de Assis. Porto Alegre, 18 abr. 2005. Disponível em: <http://www.tjrs.jus.br/site_php/consulta/download/exibe_documento.php?numero_processo=70010129690&ano=2005&codigo=339852>. Acesso em: 13 nov. 2017.

[123] ESTADO DO RIO GRANDE DO SUL. Tribunal de Justiça do Estado do Rio Grande do Sul. **Ação Direta de Inconstitucionalidade 70010129690**, do Tribunal Pleno do Tribunal de Justiça. Proponente: Procurador Geral de Justiça. Requerido: Assembleia Legislativa do Estado do Rio Grande do Sul. Relator: Des. Araken de Assis. Porto Alegre, 18 abr. 2005. Disponível em: <http://www.tjrs.jus.br/site_php/consulta/download/exibe_documento.php?numero_processo=70010129690&ano=2005&codigo=339852>. Acesso em: 13 nov. 2017.

[124] ESTADO DO RIO GRANDE DO SUL. Tribunal de Justiça do Estado do Rio Grande do Sul. **Ação Direta de Inconstitucionalidade 70010129690**, do Tribunal Pleno do Tribunal de Justiça. Proponente: Procurador Geral de Justiça. Requerido: Assembleia Legislativa do Estado do Rio Grande do Sul. Relator: Des. Araken de Assis. Porto Alegre, 18 abr. 2005. Disponível em: <http://www.tjrs.jus.br/site_php/consulta/download/exibe_documento.php?

Em resumo, a maioria dos julgadores acompanharam o relator, seguindo o argumento de que o que o direito deve proibir é a crueldade contra os animais, de modo a prevalecer sua dignidade, porém não sua vida, ao passo que esta é sacrificada todos os dias para a alimentação humana, de forma que seria uma contradição proibir o sacrifício em rituais religiosos, especialmente sendo a liberdade de culto uma previsão constitucional.

3.2 O CASO CHURCH OF LUKUMI BABALU AYE VERSUS CITY OF HIALEAH

Outro caso paradigmático no que concerne à temática trabalhada nesta pesquisa é o caso *Church of Lukumi Babalu Aye versus City of Hialeah,* ocorrido no estado americano da Flórida, onde um conjunto de normas aprovadas na cidade de Hialeah objetivou proibir o uso de animais em rituais religiosos, declarando como motivo a valorização da vida animal.[125]

Porém, tais leis foram de encontro com as práticas de uma instituição religiosa atuante na cidade, a *Santeria*, uma crença afro-americana desenvolvida como sincretismo do catolicismo romano e da religião *yoruba* por pessoas trazidas como escravas à Cuba pelo comércio de escravos atlânticos.

As normas criadas apresentavam definições, regulamentações e proibições, tornando ilegal o sacrifício de qualquer animal. *Sacrifício* foi definido pela legislação como "matar desnecessariamente, atormentar, torturar, ou mutilar um animal em um ritual ou cerimônia, pública ou privada, sem que haja o propósito primário de consumo".[126] O abatimento de animais ficou adstrito a áreas de matadouros submetidas a autorização e inspeção do governo, logo, a religião da *santeria* ficou, após a lei, proibida de realizar seus sacrifícios.

A Igreja Lukumi Babalu Aye, que pregava esta religião em Hialeah, se vendo prejudicada na realização de seus cultos, buscou através do Judiciário impugnar as proibições alegando que as leis violavam a Cláusula de Livre Exercício da Primeira Emenda da Constituição americana.[127]

numero_processo=70010129690&ano=2005&codigo=339852>. Acesso em: 13 nov. 2017.

[125] UNITED STATES OF AMERICA. United States Supreme Court. **Church of the Lukumi Babalu Aye, Inc. v. Hialeah**. Estados Unidos da América, 11 jun. 1993. Disponível em: < https://supreme.justia.com/cases/federal/us/508/520/>. Acesso em: 19 nov. 2017.

[126] PASSALACQUA, Gabriela Palhares. Estado e Religião na Constituição Brasileira de 1988. In: SEMINÁRIO DE INICIAÇÃO CIENTÍFICA, 14., 2006. Rio de Janeiro. **Anais...** Rio de Janeiro: PUC-Rio, 2008. Disponível em: <http://www.puc-rio.br/pibic/relatorio_resumo2006/relatorio/CCS/Dir/DIR_09_Gabriela_Palhares%20.pdf>. Acesso em: 12 nov. 2017. p. 9.

[127] UNITED STATES OF AMERICA. United States Supreme Court. **Church of the Lukumi Babalu Aye, Inc. v. Hialeah**. Estados Unidos da América, 11 jun. 1993. Disponível em: <

A Primeira Emenda determina:

> O Congresso não legislará no sentido de estabelecer uma religião, ou proibindo o livre exercício dos cultos; ou cerceando a liberdade de palavra, ou de imprensa, ou o direito do povo de se reunir pacificamente, e de dirigir ao Governo petições para a reparação de seus agravos. Ela proíbe que sejam criadas leis que dentre outras coisas: 1) Estabeleçam uma religião para o estado ou que prefiram certa religião à outra (Cláusula de Não-Estabelecimento) 2) Proíbam o livre exercício de religião (Cláusula de Livre Exercício).[128]

A Igreja acusava a Assembleia Municipal de ter criado essas leis com fins exclusivos de impedir a manifestação da Santeria na região.[129]

Primeiramente, os juízes e tribunais que analisaram o caso entenderam que as normas incidentalmente proibiam o exercício pleno da Santeria. A instância inferior - a Corte Distrital - embora tenha reconhecido que os regulamentos não eram religiosamente neutros, concluiu que o propósito deles não era impedir a atividade da Igreja, mas dar um fim à prática de sacrifício animal.[130]

Os argumentos da Corte Distrital para manter as leis impugnadas eram baseados no fato de que o sacrifício animal era um fator de risco à saúde, alegando que os animais eram mantidos em situação pouco higiênica; que a prática poderia causar um dano nas crianças que a testemunhassem, que era um assassinato desnecessário de animais, sem fiscalização e que provocava medo e estresse nos bichos, sendo desumano.[131]

Foi alegado ainda que, mesmo que o regulamento dispusesse sobre uma conduta religiosa específica, a Primeira Emenda não estaria sendo violada quando essa conduta fosse julgada incompatível com a saúde pública e o bem-estar social, ou seja, quando houvesse um conflito entre direitos fundamentais.[132]

---

https://supreme.justia.com/cases/federal/us/508/520/>. Acesso em: 19 nov. 2017.

[128] ESTADOS UNIDOS DA AMÉRICA. **A Constituição dos Estados Unidos da América**. Pensilvânia, Filadélfia, 17 de setembro de 1787. Disponível em: <http://www.braziliantranslated.com/euacon01.html>. Acesso em: 12 nov. 2017.

[129] UNITED STATES OF AMERICA. United States Supreme Court. **Church of the Lukumi Babalu Aye, Inc. v. Hialeah**. Estados Unidos da América, 11 jun. 1993. Disponível em: < https://supreme.justia.com/cases/federal/us/508/520/>. Acesso em: 19 nov. 2017.

[130] UNITED STATES OF AMERICA. United States Supreme Court. **Church of the Lukumi Babalu Aye, Inc. v. Hialeah**. Estados Unidos da América, 11 jun. 1993. Disponível em: < https://supreme.justia.com/cases/federal/us/508/520/>. Acesso em: 19 nov. 2017.

[131] UNITED STATES OF AMERICA. United States Supreme Court. **Church of the Lukumi Babalu Aye, Inc. v. Hialeah**. Estados Unidos da América, 11 jun. 1993. Disponível em: < https://supreme.justia.com/cases/federal/us/508/520/>. Acesso em: 19 nov. 2017.

[132] UNITED STATES OF AMERICA. United States Supreme Court. **Church of the Lukumi Babalu Aye, Inc. v. Hialeah**. Estados Unidos da América, 11 jun. 1993. Disponível em: < https://supreme.justia.com/cases/federal/us/508/520/>. Acesso em: 19 nov. 2017.

O caso foi parar na Suprema Corte Americana, a qual julgou um pouco diferente do que a Corte Distrital. O órgão máximo do judiciário americano entendeu que o propósito da lei era supressão da religião ou da conduta religiosa. [133]

Para sustentar tal argumento, a Corte demonstrou que faltava neutralidade na lei, visto que não tratava da prática religiosa de uma forma geral, via-se claramente que era em específico a religião da *santeria.* Em resumo, mesmo que o texto parecesse neutro, o efeito da lei na prática evidenciava seu objeto. [134]

No caso dos regulamentos promulgados em Hialeah, segundo a Suprema Corte Americana, a proibição da realização dos cultos da *santeria* era o seu único objetivo, de forma a evidenciar uma hostilidade à religião. [135]

Um dos apontamentos feitos pela Corte foi a de que os regulamentos descreviam mais condutas religiosas do que seria necessário se seu único objetivo fosse a proteção animal. [136]

Conforme preconiza Passalacqua[137] em interessante estudo sobre o caso, na primeira resolução aprovada, a Resolução 87-66, a Suprema Corte conseguiu realçar o objetivo particular da legislação quanto à vedação das práticas de Santeria. O referido dispositivo declara que os "residentes e cidadãos da Cidade de Hialeah expressaram a preocupação que certas religiões podem propor se ocupar de práticas que são incompatíveis com a moralidade pública, paz ou segurança",[138] e reitera o compromisso da cidade em proibir "todos e quaisquer atos de todos e quaisquer grupos religiosos". [139] Ninguém sugere, e neste registro não pode ser visto,

---

[133] UNITED STATES OF AMERICA. United States Supreme Court. **Church of the Lukumi Babalu Aye, Inc. v. Hialeah**. Estados Unidos da América, 11 jun. 1993. Disponível em: < https://supreme.justia.com/cases/federal/us/508/520/>. Acesso em: 19 nov. 2017.

[134] UNITED STATES OF AMERICA. United States Supreme Court. **Church of the Lukumi Babalu Aye, Inc. v. Hialeah**. Estados Unidos da América, 11 jun. 1993. Disponível em: < https://supreme.justia.com/cases/federal/us/508/520/>. Acesso em: 19 nov. 2017.

[135] UNITED STATES OF AMERICA. United States Supreme Court. **Church of the Lukumi Babalu Aye, Inc. v. Hialeah**. Estados Unidos da América, 11 jun. 1993. Disponível em: < https://supreme.justia.com/cases/federal/us/508/520/>. Acesso em: 19 nov. 2017.

[136] UNITED STATES OF AMERICA. United States Supreme Court. **Church of the Lukumi Babalu Aye, Inc. v. Hialeah**. Estados Unidos da América, 11 jun. 1993. Disponível em: < https://supreme.justia.com/cases/federal/us/508/520/>. Acesso em: 19 nov. 2017.

[137] PASSALACQUA, Gabriela Palhares. Estado e Religião na Constituição Brasileira de 1988. In: SEMINÁRIO DE INICIAÇÃO CIENTÍFICA, 14., 2006. Rio de Janeiro. **Anais...** Rio de Janeiro: PUC-Rio, 2008. Disponível em: <http://www.puc-rio.br/pibic/relatorio_resumo2006/relatorio/CCS/Dir/DIR_09_Gabriela_Palhares%20.pdf>. Acesso em: 12 nov. 2017.

[138] UNITED STATES OF AMERICA. United States Supreme Court. **Church of the Lukumi Babalu Aye, Inc. v. Hialeah**. Estados Unidos da América, 11 jun. 1993. Disponível em: < https://supreme.justia.com/cases/federal/us/508/520/>. Acesso em: 19 nov. 2017.

[139] UNITED STATES OF AMERICA. United States Supreme Court. **Church of the Lukumi Babalu Aye, Inc. v. Hialeah**. Estados Unidos da América, 11 jun. 1993. Disponível em: < https://supreme.justia.com/cases/federal/us/508/520/>. Acesso em: 19 nov. 2017.

que os membros da assembleia tiveram em mente uma religião que não fosse aquela de origem africana.

O Regulamento 87-71 proíbe o sacrifício de animais; define sacrifício como "matar desnecessariamente um animal em um ritual público ou privado ou cerimônia não com o propósito primário de consumo".[140] Neste sentido os Ministros verificaram a exclusão de quase todas as matanças de animais exceto as de sacrifício religioso. A exigência quanto à existência de um propósito primário de consumo pretende até mesmo, mais adiante, isentar a matança Kosher[141] – posto que o sacrifício nas religiões afro visa inicialmente à oferenda aos orixás ficando o consumo em segundo plano. Assim, o cúmulo da dissimulação desta norma vai residir no fato de que poucas ou mesmo nenhuma outra matança fica proibida com esta resolução a não ser o sacrifício religioso da Santeria.

O Regulamento 87-40 incorporou as normas contra a crueldade de animal da Flórida. A proibição dele resultante é ampla, castigando "quem... desnecessariamente... matar qualquer animal".[142] A cidade alega que esta norma é o epítome de uma proibição neutra. Mas a Suprema Corte observou, no entanto, que matanças por razões religiosas são julgadas desnecessárias, enquanto inúmeras outras ficam impunes. A cidade julga caça, abatimento de animais para consumo, erradicação de insetos e pestes, e eutanásia em animais abandonados, como necessários. Não há nenhuma indicação de que ela considera a caça ou a pesca por lazer matanças desnecessárias. Realmente, um dos poucos casos decididos na Flórida de acordo com a lei em questão concluiu que o uso de coelhos vivos para treinar galgos (*greyhounds*) – cachorros de caça – é necessário.[143]

Conforme a conclusão da Corte, os interesses governamentais legítimos de resguardar a saúde pública e prevenir a crueldade em animais poderiam ser

---

[140] UNITED STATES OF AMERICA. United States Supreme Court. **Church of the Lukumi Babalu Aye, Inc. v. Hialeah**. Estados Unidos da América, 11 jun. 1993. Disponível em: < https://supreme.justia.com/cases/federal/us/508/520/>. Acesso em: 19 nov. 2017.

[141] DOVAL, Lenize Maria Soares. **Direitos dos animais:** uma abordagem histórico-filosófica e a percepção de bem-estar animal. 2008, 100 f. Monografia (bacharelado) – Universidade Federal do Rio Grande do Sul, Graduação em Medicina Veterinária. Porto Alegre, 2008, 100 f. Disponível em: <http://www.lume.ufrgs.br/bitstream/handle/10183/16438/000661804.pdf?sequence=1>. Acesso em: 10 nov. 2017.

[142] UNITED STATES OF AMERICA. United States Supreme Court. **Church of the Lukumi Babalu Aye, Inc. v. Hialeah**. Estados Unidos da América, 11 jun. 1993. Disponível em: < https://supreme.justia.com/cases/federal/us/508/520/>. Acesso em: 19 nov. 2017.

[143] PASSALACQUA, Gabriela Palhares. Estado e Religião na Constituição Brasileira de 1988. In: SEMINÁRIO DE INICIAÇÃO CIENTÍFICA, 14., 2006. Rio de Janeiro. **Anais...** Rio de Janeiro: PUC-Rio, 2008. Disponível em: <http://www.puc-rio.br/pibic/relatorio_resumo2006/relatorio/CCS/Dir/DIR_09_Gabriela_Palhares%20.pdf>. Acesso em: 12 nov. 2017.

concretizados através de restrições que ficam longe de uma proibição plena de qualquer prática de sacrifício da Santeria. Se a disposição imprópria, não o sacrifício em si, fosse o perigo a ser prevenido, a cidade poderia ter imposto um regulamento geral quanto à disposição de lixo orgânico. A neutralidade de uma lei é suspeita quando as liberdades da Primeira Emenda são restringidas para prevenir danos colaterais isolados e não proibir diretamente o perigo através de um regulamento.[144] Desta forma, nota-se que a regulamentação em Hialeah foi direcionada à prática religiosa da Santeria e não à saúde pública como inicialmente tentou se afirmar.

A autora concluiu que as reivindicações da cidade de que os regulamentos 87-40, 87-52, e 87-71 visam a proteger a saúde pública e a prevenir a crueldade em animais são *underinclusive*, ou seja, abrangem menos condutas do que seria necessário para alcançar seus fins. Ela peca ao não proibir atividades não-religiosas que ameaçam estes interesses com grau semelhante ou maior do que o sacrifício da Santeria.[145] Relembra a Corte, por exemplo, sobre a pesca – que acontece em Hialeah e que é legal. A exterminação de ratos e camundongos dentro de uma casa também é permitida. De acordo com a cidade, é evidente que matar animais que sirvam como fontes alimentícias é *importante*; a erradicação de insetos e pestes é *obviamente justificada*; e a eutanásia de animais em excesso *faz sentido*.[146] Mas, em contrapartida, os Ministros não receberam resposta a seu questionamento: por que só a religião tem que suportar o fardo dos regulamentos, quando muitas matanças seculares são contrárias aos seus interesses em prevenir o tratamento cruel em animais?

A autora aponta como conclusão da Suprema Corte dos Estados Unidos que uma lei que disciplina a prática religiosa que não é neutra ou que não é de aplicação geral tem que sofrer o mais rigoroso escrutínio. Retomando um fundamento de uma decisão anterior, ela dispõe que, para a satisfação dos comandos da Primeira Emenda, uma lei que restrinja a prática religiosa tem que visar a interesses da mais

---

[144] FILIPE, Sonia T. Antropocentrismo, sencientismo e biocentrismo: perspectivas éticas abolicionistas, bem-estaristas e conservadoras e o estatuto de animais não-humanos. **Revista Páginas de Filosofia**, v. 1, n.1, p. 2-30, 2009. Disponível em: <https://www.metodista.br/revistas/revistas-ims/index.php/PF/article/view/864/1168>. Acesso em: 22 nov. 2017.

[145] PASSALACQUA, Gabriela Palhares. Estado e Religião na Constituição Brasileira de 1988. In: SEMINÁRIO DE INICIAÇÃO CIENTÍFICA, 14., 2006. Rio de Janeiro. **Anais...** Rio de Janeiro: PUC-Rio, 2008. Disponível em: <http://www.puc-rio.br/pibic/relatorio_resumo2006/relatorio/CCS/Dir/DIR_09_Gabriela_Palhares%20.pdf>. Acesso em: 12 nov. 2017.

[146] UNITED STATES OF AMERICA. United States Supreme Court. **Church of the Lukumi Babalu Aye, Inc. v. Hialeah.** Estados Unidos da América, 11 jun. 1993. Disponível em: < https://supreme.justia.com/cases/federal/us/508/520/>. Acesso em: 19 nov. 2017.

alta ordem e deve ser feita precisamente para a perseguição desses interesses. Quando o Estado legisla de maneira a restringir as práticas religiosas, tem que justificar aquele fardo mostrando que se trata do meio menos gravoso para alcançar o interesse estatal.[147]

A revisão da Corte acerca da jurisprudência examinada confirma, sob as palavras do Ministro Kennedy,

> [...] que as leis em questão foram promulgadas por pessoas que não perceberam, ou escolheram ignorar o fato de que suas ações violaram o compromisso essencial da Nação de liberdade religiosa. As leis contestadas tiveram um objeto ilícito, e em todos os casos foi violado o princípio de aplicabilidade geral.[148]

Neste caso em específico é possível concluir que a Suprema Corte não admitiu que uma legislação pudesse impedir a prática de uma religião, visto que a lei considerava legal diversas práticas que incluíam a matança de animais, exceto aquela praticada pela religião da *santeria*. Assim, este episódio em especial deixa clara a necessidade de se analisar as circunstâncias que permeiam o legislador no momento da confecção da lei, bem como seus reais interesses por trás da promulgação das mesmas, de modo a vedar qualquer tipo de tentativa, embora mascarada, de se impedir uma religião de existir, de realizar seus cultos e de ser efetivamente praticada pelos seus crentes.

Embora o caso tenha acontecido em solo americano e se difira das circunstâncias e idiossincrasias brasileiras, é uma espécie de sinal vermelho a sinalizar os limites e as consequências de uma proibição que acarrete na exclusão de uma prática religiosa. O que estava por trás do caso americano e que, diversas vezes, também permeia as legislações brasileiras que visam esse tipo de proibição, é a discriminação e a intolerância a uma religião em especial e que, não por coincidência, é cultuada por minorias que foram tratadas como escravos no passado e que, ainda hoje, sofrem reflexos deste passado histórico árduo.

---

[147] PASSALACQUA, Gabriela Palhares. Estado e Religião na Constituição Brasileira de 1988. In: SEMINÁRIO DE INICIAÇÃO CIENTÍFICA, 14., 2006. Rio de Janeiro. **Anais...** Rio de Janeiro: PUC-Rio, 2008. Disponível em: <http://www.puc-rio.br/pibic/relatorio_resumo2006/relatorio/CCS/Dir/DIR_09_Gabriela_Palhares%20.pdf>. Acesso em: 12 nov. 2017.

[148] UNITED STATES OF AMERICA. United States Supreme Court. **Church of the Lukumi Babalu Aye, Inc. v. Hialeah.** Estados Unidos da América, 11 jun. 1993. Disponível em: < https://supreme.justia.com/cases/federal/us/508/520/>. Acesso em: 19 nov. 2017.

3.3 LIBERDADE RELIGIOSA VERSUS DIGNIDADE ANIMAL: O POSSÍVEL CONFLITO

Considerando tudo que foi analisado até agora, é possível perceber que o embate entre a liberdade religiosa e a dignidade animal no âmbito do sacrifício animal já é assunto tratado, embora de maneira tímida, por alguns pesquisadores e pelo próprio Judiciário. Não há posicionamento definido sobre o assunto e nem um acordo entre doutrinadores que estudam o assunto.

Aldir Soriano tenta responder a complicada questão, ao perguntar- se, diante da colisão de dois direitos, teriam os religiosos o direito de sacrificar a vida dos animais em rituais como manifestação exterior de suas crenças? Ou prevaleceria a restrição do direito ambiental, em nome da proteção animal? O próprio autor responde, alegando que, se o tema for considerado e visto sob a ótica de uma visão biocêntrica, ou seja, em que o homem não ocupa o centro, haveria tal conflito, de modo que o direito dos animais seria intrínseco, não funcionalizado à cultura humana. Por outro lado, o autor fala que, se considerado o tema na visão antropocêntrica, a qual é adotada pelo direito ambiental, o sacrifício deveria ser admitido em nome da cultura popular, não sendo algo necessariamente cruel, prevalecendo a preservação da cultura em detrimento do direito dos animais.[149]

Fábio Carvalho Leite, em interessante artigo sobre o tema, defende que, para analisar se há ou não o conflito entre a liberdade de crença e o direito animal, não importa entender o significado destes rituais para as religiões praticantes, uma vez que isso só importaria para quem compartilha da crença, a qual é protegida independente de seu conteúdo. Ainda, o autor frisa que, todas as religiões têm, simbólica ou explicitamente, o sacrifício animal e a oferenda de alimentos.[150]

O pesquisador defende que reconhecer a prática como algo típico da religião é relevante, mas não suficiente, uma vez que a liberdade religiosa não assegura que uma conduta, apenas por ser religiosamente motivada, teria um tratamento especial com relação a demais normas estatais em que estaria em conflito. O autor passa

---

[149] SORIANO, Aldir Guedes. **Liberdade religiosa no direito constitucional e Internacional.** São Paulo: Editora Juarez de Oliveira, 2002, p. 125.

[150] LEITE, Fábio Carvalho. A liberdade de crença e o sacrifício de animais em cultos religiosos. **Veredas do Direito,** Belo Horizonte, v. 10, n. 20, p. 163-177, 2013. Disponível em: <http://www.egov.ufsc.br/portal/sites/default/files/liberdade_de_crenca_e_o_sacrificio_de_animais_em _cultos_religiosos.pdf>. Acesso em: 22 nov. 2017.

então a examinar a previsão constitucional do art. 225, parágrafo primeiro, inciso VII, da Constituição Federal. [151]

O autor destaca nesse ponto que animais relacionados, além de não serem espécies em extinção, são ainda utilizados para consumo, de acordo com o que é permitido pelo ordenamento jurídico brasileiro e também não estão no rol de animais que gozam de proteção especial por parte do Poder Público – o IBAMA confere proteção especial a determinadas espécies- logo, analisando-se cruamente o artigo constitucional, segundo o autor, não haveria ilegitimidade nas práticas do sacrifício animal.[152]

Ultrapassado este ponto, o autor então entra em delicada questão: a possível crueldade envolvida. Para adentrar no tema, o ilustre professor coleciona a importância do pluralismo e da consciência de que está se tratando de religiões consideradas marginalizadas pela cultura dominante, e, citando o caso já analisado da cidade de Hialeah versus Igreja de Babaluh Aye, pode ocorrer de se buscar a proteção do animal com o principal intuito de excluir e marginalizar-se ainda mais as religiões de matriz africana. [153]

Segundo o professor, os estudos dos rituais das religiões africanas não demonstram qualquer tipo de crueldade no tratamento do animal, considerando-se, obviamente, que o conceito de crueldade excluiria a morte do animal, consequência necessária para a prática do sacrifício. Ainda, em importante reflexão, o autor defende que também se deve excluir qualquer juízo de valor sobre as razões que amparam os rituais, uma vez que o compromisso constitucional não é com o conteúdo da crença, mas com a liberdade para seu exercício. [154]

O pesquisador lembra que, neste caso, o sofrimento do animal sacrificado seria o mesmo do que o do animal abatido para consumo, salvo se demonstrado um

---

[151] LEITE, Fábio Carvalho. A liberdade de crença e o sacrifício de animais em cultos religiosos. **Veredas do Direito,** Belo Horizonte, v. 10, n. 20, p. 163-177, 2013. Disponível em: <http://www.egov.ufsc.br/portal/sites/default/files/liberdade_de_crenca_e_o_sacrificio_de_animais_em_cultos_religiosos.pdf>. Acesso em: 22 nov. 2017.

[152] LEITE, Fábio Carvalho. A liberdade de crença e o sacrifício de animais em cultos religiosos. **Veredas do Direito,** Belo Horizonte, v. 10, n. 20, p. 163-177, 2013. Disponível em: <http://www.egov.ufsc.br/portal/sites/default/files/liberdade_de_crenca_e_o_sacrificio_de_animais_em_cultos_religiosos.pdf>. Acesso em: 22 nov. 2017.

[153] LEITE, Fábio Carvalho. A liberdade de crença e o sacrifício de animais em cultos religiosos. **Veredas do Direito,** Belo Horizonte, v. 10, n. 20, p. 163-177, 2013. Disponível em: <http://www.egov.ufsc.br/portal/sites/default/files/liberdade_de_crenca_e_o_sacrificio_de_animais_em_cultos_religiosos.pdf>. Acesso em: 22 nov. 2017.

[154] LEITE, Fábio Carvalho. A liberdade de crença e o sacrifício de animais em cultos religiosos. **Veredas do Direito,** Belo Horizonte, v. 10, n. 20, p. 163-177, 2013. Disponível em: <http://www.egov.ufsc.br/portal/sites/default/files/liberdade_de_crenca_e_o_sacrificio_de_animais_em_cultos_religiosos.pdf>. Acesso em: 22 nov. 2017.

tratamento cruel, o qual então deveria ser analisado não como regra, mas exceção.[155]

Por fim, o autor conclui que tais considerações não afastam nem diminuem o valor da norma constitucional que veda as práticas que submetem os animais à crueldade, mas que esta não estaria presente no ritual do sacrifício, a priori. Também foi destacada pelo professor a necessidade de se buscar compreender o caso levando-se em conta os valores constitucionais da pluralidade, a democracia, a cidadania e a dignidade da pessoa humana. E, por fim, a necessária empatia do intérprete para lidar com uma crença que, embora minoritária, goza da mesma proteção que qualquer outra. [156]

O Professor Giorgio Biscontini também analisou o tema e chegou às suas próprias conclusões.[157] Inicialmente, o professor Biscontini defendeu que a abordagem da questão deveria inspirar-se em dois princípios principais. O primeiro seria o de que, dentre todas as formas de vida, a humana possuiria uma primazia com relação às demais, nas apenas factual, mas axiológica, sobre a qual surgiria uma subordinação não ilimitada dos demais seres vivos ao homem. O segundo seria o de que o primado referido deve ser visto como um sinal de responsabilidade e não como uma forma de poder. [158]

O referido autor defende que o abate ritualístico não pode ser considerado uma forma de maus-tratos, uma vez realizado respeitando a jugulação e valendo-se de uma lâmina afiada e desprovida de entalhe, consistindo em um único corte com o qual se corte a traqueia e o esôfago do animal, a fim de obter o total dessangramento. Assim, ele defende que o abate ritualístico deve ser feito conforme sua intencionalidade original de poupar o sofrimento aos animais, considerando o progresso científico e técnico que conduziu ao desenvolvimento de métodos

---

[155] LEITE, Fábio Carvalho. A liberdade de crença e o sacrifício de animais em cultos religiosos. **Veredas do Direito,** Belo Horizonte, v. 10, n. 20, p. 163-177, 2013. Disponível em: <http://www.egov.ufsc.br/portal/sites/default/files/liberdade_de_crenca_e_o_sacrificio_de_animais_em_cultos_religiosos.pdf>. Acesso em: 22 nov. 2017.

[156] LEITE, Fábio Carvalho. A liberdade de crença e o sacrifício de animais em cultos religiosos. **Veredas do Direito,** Belo Horizonte, v. 10, n. 20, p. 163-177, 2013. Disponível em: <http://www.egov.ufsc.br/portal/sites/default/files/liberdade_de_crenca_e_o_sacrificio_de_animais_em_cultos_religiosos.pdf>. Acesso em: 22 nov. 2017.

[157] BISCONTINI, Giorgio. Bem-estar dos animais não humanos e abates ritualísticos: liberdade religiosa e limite do bom-costume. **Revista do Programa de Pós-Graduação em Direito,** Universidade Federal da Bahia, v. 25, n. 27, p. 315-360, 2015. Disponível em: <https://portalseer.ufba.br/index.php/rppgd/article/view/15223>. Acesso em: 22 nov. 2017.

[158] BISCONTINI, Giorgio. Bem-estar dos animais não humanos e abates ritualísticos: liberdade religiosa e limite do bom-costume. **Revista do Programa de Pós-Graduação em Direito,** Universidade Federal da Bahia, v. 25, n. 27, p. 315-360, 2015. Disponível em: <https://portalseer.ufba.br/index.php/rppgd/article/view/15223>. Acesso em: 22 nov. 2017.

alternativos e menos dolorosos, devendo ser obrigatório o aturdimento mediante eletronarcose antes do abate. [159]

Por fim, Biscontini refere-se ao futuro como um período de imposição de uma revisão das relações com os seres sencientes, com a superação das teorias antropocêntricas, segundo as quais o homem ocuparia o lugar central no interior do mundo natural. Segundo o autor, é necessário buscar uma equilibrada relação entre homens e animais, fundada no respeito recíproco e na tolerância para todos os seres vivos.[160] Para isso ele defende "a necessidade de se compreender que o homem continua a ser um, mas não o único, ser vivo capaz de perceber emoções, medos e dores".[161]

Outro autor essencial para a compreensão final deste estudo é o Professor Tagore Trajano de Almeida Silva, o qual também abordou o referido assunto e defendeu em seus estudos a existência de um direito à liberdade étnico-religiosa, o qual, ele explicou, poderia ser entendido como o direito que uma pessoa tem de se preservar, vivenciar e reproduzir sua cultura sem sofrer qualquer represália por isso. O autor chega à esta conclusão após tomar conhecimento de diversos casos de intolerância contra religiões de matriz africana e sua inevitável judicialização, o qual, segundo o professor, vem da inexistência de um princípio universalista e de tratamento isonômico que abrangesse todos os sistemas religiosos existentes no Brasil e que viabilize o pleno reconhecimento dos direitos de certas matrizes religiosas. A inexistência deste princípio, conforme explicita o ilustre doutrinador, resulta na legitimação de um único sistema religioso, o cristão, em detrimento de outros e, por essa razão, os símbolos cristãos podem ser apresentados e ostentados no mundo público, enquanto os demais são marginalizados.[162]

---

[159] BISCONTINI, Giorgio. Bem-estar dos animais não humanos e abates ritualísticos: liberdade religiosa e limite do bom-costume. **Revista do Programa de Pós-Graduação em Direito**, Universidade Federal da Bahia, v. 25, n. 27, p. 315-360, 2015. Disponível em: <https://portalseer.ufba.br/index.php/rppgd/article/view/15223>. Acesso em: 22 nov. 2017.

[160] BISCONTINI, Giorgio. Bem-estar dos animais não humanos e abates ritualísticos: liberdade religiosa e limite do bom-costume. **Revista do Programa de Pós-Graduação em Direito**, Universidade Federal da Bahia, v. 25, n. 27, p. 315-360, 2015. Disponível em: <https://portalseer.ufba.br/index.php/rppgd/article/view/15223>. Acesso em: 22 nov. 2017.

[161] MAFFEI, Maria Clara. Il potenziale conflitto fra tutela della diversità culturale e tutela delle specie e degli animali. **Rivista Giuridica Dell'Ambiente**, v. 1, p. 193-242, 2008. Disponível em: <https://air.unipr.it/handle/11381/1924055?mode=full.61#.WhxuA0pKvIU>. Acesso em: 22 nov. 2017. p. 241.

[162] OLIVEIRA, Ilzver de Matos; SILVA, Tagore Trajano de Almeida; LIMA, Kellen. A imolação nas liturgias de matriz africana: reflexões sobre colisão entre liberdade religiosa e proteção dos direitos dos animais não-humanos. **Revista do Programa de Pós Graduação em Direito,** Universidade Federal da Bahia v. 25, n. 27, p. 285-314, 2015. Disponível em: <https://portalseer.ufba.br/index.php/rppgd/article/view/15216/10374>. Acesso em: 22 nov. 2017.

Adentrando especificamente na questão do sacrifício religioso, o autor defende que o conteúdo da liberdade religiosa compreende contornos mais amplos do que a liberdade de crença, ou seja, de poder possuir e exprimir uma determinada crença. Em outras palavras, o autor defende que a plena realização do direito à liberdade religiosa depende não apenas do direito de livre expressão da crença escolhida, mas também do direito a uma autodeterminação existencial a partir dela e de seus ditames. [163]

Para o professor Tagore, a liberdade religiosa está diretamente relacionada também à autodeterminação a partir de um determinado conjunto de valores, o que envolve o dever do adepto em observar e cumprir alguns dogmas ou formalidades religiosas, o indivíduo deve seguir um rito. [164]

Para ele, o sacrifício ritual de animais nada mais é do que um dogma a ser seguido pelos adeptos das religiões que o preceituam. Desta forma, seria um reflexo do direito fundamental à liberdade religiosa o direito do adepto de seguir e cumprir os dogmas religiosos professados por sua crença. [165]

Com relação ao possível conflito de direitos, o autor esclarece que nenhum direito ou valor pode ser compreendido de maneira absoluta e que reconhecer que a liberdade religiosa protege o direito do adepto de se determinar em razão de sua crença não assegura que todas as práticas religiosas necessárias à sua autodeterminação estarão protegidas pelo direito. [166]

Com isso, o autor elucida que a liberdade religiosa não assegura que uma determinada conduta, pelo simples fato de ser religiosamente justificada, terá tratamento excepcional em relação às normas estatais com as quais eventualmente

---

[163] OLIVEIRA, Ilzver de Matos; SILVA, Tagore Trajano de Almeida; LIMA, Kellen. A imolação nas liturgias de matriz africana: reflexões sobre colisão entre liberdade religiosa e proteção dos direitos dos animais não-humanos. **Revista do Programa de Pós Graduação em Direito,** Universidade Federal da Bahia v. 25, n. 27, p. 285-314, 2015. Disponível em: <https://portalseer.ufba.br/index.php/rppgd/article/view/15216/10374>. Acesso em: 22 nov. 2017.

[164] OLIVEIRA, Ilzver de Matos; SILVA, Tagore Trajano de Almeida; LIMA, Kellen. A imolação nas liturgias de matriz africana: reflexões sobre colisão entre liberdade religiosa e proteção dos direitos dos animais não-humanos. **Revista do Programa de Pós Graduação em Direito,** Universidade Federal da Bahia v. 25, n. 27, p. 285-314, 2015. Disponível em: <https://portalseer.ufba.br/index.php/rppgd/article/view/15216/10374>. Acesso em: 22 nov. 2017.

[165] OLIVEIRA, Ilzver de Matos; SILVA, Tagore Trajano de Almeida; LIMA, Kellen. A imolação nas liturgias de matriz africana: reflexões sobre colisão entre liberdade religiosa e proteção dos direitos dos animais não-humanos. **Revista do Programa de Pós Graduação em Direito,** Universidade Federal da Bahia v. 25, n. 27, p. 285-314, 2015. Disponível em: <https://portalseer.ufba.br/index.php/rppgd/article/view/15216/10374>. Acesso em: 22 nov. 2017.

[166] OLIVEIRA, Ilzver de Matos; SILVA, Tagore Trajano de Almeida; LIMA, Kellen. A imolação nas liturgias de matriz africana: reflexões sobre colisão entre liberdade religiosa e proteção dos direitos dos animais não-humanos. **Revista do Programa de Pós Graduação em Direito,** Universidade Federal da Bahia v. 25, n. 27, p. 285-314, 2015. Disponível em: <https://portalseer.ufba.br/index.php/rppgd/article/view/15216/10374>. Acesso em: 22 nov. 2017.

entre em conflito e a solução da controvérsia dependerá da análise dos fatores envolvidos no caso concreto apresentado. [167]

O autor, em seguida, refere-se ao artigo 225, parágrafo primeiro, inciso VII, da Constituição Federal, o qual atribui o direito de não serem submetidos à crueldade, reconhecendo que são seres dotados de sensibilidade. Neste ponto, Tagore alega o argumento já utilizado por diversos autores e apontado neste estudo: o sofrimento do animal objeto de sacrifício religioso em nada difere daquele suportado pelo animal abatido para consumo, não podendo ser este um argumento válido para um questionamento da prática do abate ritualístico, exceto se demonstrado no caso concreto um tratamento cruel. [168]

Tagore, ao refutar o argumento da crueldade, questiona ainda que tipo de crueldade se está condenando ao se refutar o sacrifício animal. Seria a crueldade inserida na preparação de alimentos segundo os preceitos religiosos de determinado comunidade?, questiona. Pois a oferenda nada mais é do que um alimento oferecido ás divindades e aos participantes do ato religioso nela inseridos, colaciona. E, o autor indaga mais uma vez: as religiões de matriz africana seriam as únicas que preparam e ofertam alimentos segundo preceitos religiosos?, para depois responder que não, levantando o exemplo da religião judaica, onde a Torá exige que bovinos e frangos sejam abatidos sem insensibilização ou atordoamento, pela degola do animal ainda vivo. Também aponta como exemplo a religião muçulmana, a qual prescreve abate de animais de maneira diversa do método estabelecido pelo Ministério da Agricultura, também não permitindo insensibilização ou atordoamento, o chamado abate *halal*. [169]

Neste ponto específico o autor traz à tona um dado extremamente polêmico: o Brasil exporta para Israel, para os países árabes e para as comunidades religiosas de todo o mundo muitas toneladas de carne seguindo este procedimento, o qual não

---

[167] OLIVEIRA, Ilzver de Matos; SILVA, Tagore Trajano de Almeida; LIMA, Kellen. A imolação nas liturgias de matriz africana: reflexões sobre colisão entre liberdade religiosa e proteção dos direitos dos animais não-humanos. **Revista do Programa de Pós Graduação em Direito,** Universidade Federal da Bahia v. 25, n. 27, p. 285-314, 2015. Disponível em: <https://portalseer.ufba.br/index.php/rppgd/article/view/15216/10374>. Acesso em: 22 nov. 2017.

[168] OLIVEIRA, Ilzver de Matos; SILVA, Tagore Trajano de Almeida; LIMA, Kellen. A imolação nas liturgias de matriz africana: reflexões sobre colisão entre liberdade religiosa e proteção dos direitos dos animais não-humanos. **Revista do Programa de Pós Graduação em Direito,** Universidade Federal da Bahia v. 25, n. 27, p. 285-314, 2015. Disponível em: <https://portalseer.ufba.br/index.php/rppgd/article/view/15216/10374>. Acesso em: 22 nov. 2017.

[169] OLIVEIRA, Ilzver de Matos; SILVA, Tagore Trajano de Almeida; LIMA, Kellen. A imolação nas liturgias de matriz africana: reflexões sobre colisão entre liberdade religiosa e proteção dos direitos dos animais não-humanos. **Revista do Programa de Pós Graduação em Direito,** Universidade Federal da Bahia v. 25, n. 27, p. 285-314, 2015. Disponível em: <https://portalseer.ufba.br/index.php/rppgd/article/view/15216/10374>. Acesso em: 22 nov. 2017.

prevê nenhum tipo de insensibilização do animal.[170] O mais interessante é que a produção e exportação deste tipo de carne é perfeitamente aceitável, ironiza o autor, à medida que há um regulamento federal que permite expressamente esse tipo de abate, a Instrução Normativa n° 3, de 17/01/2000, do Ministério da Agricultura e o Abastecimento, que estabelece o Regulamento Técnico de Métodos de Insensibilização para o Abate Humanitário de Animais e Açougue e, em seu item 11.3, dispõe:

> 11.3. É facultado o sacrifício de animais de acordo com preceitos religiosos, desde que sejam destinados ao consumo por comunidade religiosa que os requeira ou ao comércio internacional com países que façam exigência, sempre atendidos os métodos de contenção dos animais.[171]

Assim, o autor nos traz um dado chocante: há no ordenamento jurídico brasileiro uma permissão expressa ao sacrifício de animais realizado segundo preceitos religiosos, sem a exigência de previa insensibilização e tal prática jamais foi questionada como cruel ou judicializada, enquanto a prática em rituais religiosos de matriz africana sim.[172]

Tagore faz então um paralelo entre a intolerância e o racismo institucionalizado em nossa sociedade para explicar a interessante dinâmica de se questionar os rituais religiosas das religiões de matriz africana e o silenciamento quanto a práticas muito mais cruéis. Para isso o autor busca trazer uma reflexão história, a qual iniciou-se no período colonial com a chegada dos escravos, os quais realizavam esses cultos que, para a sociedade *letrada* que os tratava como animais a seu serviço, eram considerados primitivos e arcaicos. O autor reflete sobre o quanto ainda nos falta em termos de igualdade e tolerância com relação às manifestações de religiosidade afro-brasileira, estigmatizadas e desqualificadas em

---

[170] OLIVEIRA, Ilzver de Matos; SILVA, Tagore Trajano de Almeida; LIMA, Kellen. A imolação nas liturgias de matriz africana: reflexões sobre colisão entre liberdade religiosa e proteção dos direitos dos animais não-humanos. **Revista do Programa de Pós Graduação em Direito,** Universidade Federal da Bahia v. 25, n. 27, p. 285-314, 2015. Disponível em: <https://portalseer.ufba.br/index.php/rppgd/article/view/15216/10374>. Acesso em: 22 nov. 2017.

[171] GOVERNO DO ESTADO DE SÃO PAULO. Normativa SDA - 3, de 17/01/2000. Aprovar o regulamento técnico de métodos de insensibilização para o abate humanitário de animais de açougue. Secretaria de Agricultura e Abastecimento. Coordenadoria de Defesa Agropecuária. **Dário Oficial do Estado de São Paulo,** São Paulo, 24 jan. 2000. Disponível em: <https://www.defesa.agricultura.sp.gov.br/legislacoes/instrucao-normativa-sda-3-de-17-01-2000,661.html>. Acesso em: 12 nov. 2017.

[172] OLIVEIRA, Ilzver de Matos; SILVA, Tagore Trajano de Almeida; LIMA, Kellen. A imolação nas liturgias de matriz africana: reflexões sobre colisão entre liberdade religiosa e proteção dos direitos dos animais não-humanos. **Revista do Programa de Pós Graduação em Direito,** Universidade Federal da Bahia v. 25, n. 27, p. 285-314, 2015. Disponível em: <https://portalseer.ufba.br/index.php/rppgd/article/view/15216/10374>. Acesso em: 22 nov. 2017.

razão das diferenças culturais, étnicas, raciais e econômicas historicamente existentes entre brancos e negros. [173]

Tagore termina por concluir que, à luz do sistema jurídico brasileiro, inexiste objeção ao sacrifício religioso de animais, cabendo ao Judiciário, quando do enfrentamento no caso concreto, em se tratando de colisão de princípios, definir os limites entre a proteção conferida aos animais e a liberdade religiosa, por meio de mecanismos previstos no ordenamento jurídico brasileiro, como o uso da hermenêutica jurídica, a fim de resolver a colisão sem abuso de direito. [174]

Por fim, o autor alega que o Judiciário, por assumir um papel garantidor de direitos fundamentais, não pode desconsiderar em seus julgados os contornos racistas, preconceituosos e intolerantes relativos aos negros e religiosos de matriz africana implícitos nas entrelinhas de ações e petições que visam restringir o direito à liberdade religiosa. [175]

Outro importante estudo sobre o tema foi realizado por Elisabete de Sales,[176] a qual defende que a previsão constitucional do art. 225, parágrafo primeiro, inciso VII, da Constituição Federal, ao dar proteção aos animais, deu-lhes natureza de direito difuso e coletivo, sendo bem socioambiental de toda a humanidade, com imperativo moral que demonstra preocupação ética de vedar praticas cruéis contra os animais. Logo, segundo a autora, o direito conferido aos animais torna-se um dever do homem. [177]

A autora então aborda o que ela chama de interesses transindividuais reciprocamente conflitantes, o que, segundo ela, seria o caso do embate entre o

---

[173] OLIVEIRA, Ilzver de Matos; SILVA, Tagore Trajano de Almeida; LIMA, Kellen. A imolação nas liturgias de matriz africana: reflexões sobre colisão entre liberdade religiosa e proteção dos direitos dos animais não-humanos. **Revista do Programa de Pós Graduação em Direito,** Universidade Federal da Bahia v. 25, n. 27, p. 285-314, 2015. Disponível em: <https://portalseer.ufba.br/index.php/rppgd/article/view/15216/10374>. Acesso em: 22 nov. 2017.

[174] OLIVEIRA, Ilzver de Matos; SILVA, Tagore Trajano de Almeida; LIMA, Kellen. A imolação nas liturgias de matriz africana: reflexões sobre colisão entre liberdade religiosa e proteção dos direitos dos animais não-humanos. **Revista do Programa de Pós Graduação em Direito,** Universidade Federal da Bahia v. 25, n. 27, p. 285-314, 2015. Disponível em: <https://portalseer.ufba.br/index.php/rppgd/article/view/15216/10374>. Acesso em: 22 nov. 2017.

[175] OLIVEIRA, Ilzver de Matos; SILVA, Tagore Trajano de Almeida; LIMA, Kellen. A imolação nas liturgias de matriz africana: reflexões sobre colisão entre liberdade religiosa e proteção dos direitos dos animais não-humanos. **Revista do Programa de Pós Graduação em Direito,** Universidade Federal da Bahia v. 25, n. 27, p. 285-314, 2015. Disponível em: <https://portalseer.ufba.br/index.php/rppgd/article/view/15216/10374>. Acesso em: 22 nov. 2017.

[176] SALES, Elisabete et al. Os cultos religiosos e o sacrifício de animais diante da legislação vigente. **Cadernos de Graduação,** Aracaju, v.1, n. 14, p.115-126, 2012. Disponível em: <https://periodicos.set.edu.br/index.php/cadernohumanas/article/view/144/146>. Acesso em: 22 nov. 2017.

[177] SALES, Elisabete et al. Os cultos religiosos e o sacrifício de animais diante da legislação vigente. **Cadernos de Graduação,** Aracaju, v.1, n. 14, p.115-126, 2012. Disponível em: <https://periodicos.set.edu.br/index.php/cadernohumanas/article/view/144/146>. Acesso em: 22 nov. 2017.

direito reservado aos animais quanto à proibição de sua tortura e o direito ao sacrifício de animais. [178]

Para elucidar o conflito, a autora traz dois entendimentos doutrinários diversos para serem trazidos a este estudo:

> Inexiste, pois, o suposto conflito de normas (princípios econômicos x bem-estar dos animais, liberdade de religião e culto x garantia anticrueldade, meio ambiente natural x meio ambiente cultural, direito à pesquisa x recursos substitutivos, etc.). A legislação brasileira – independentemente de seu pretenso contexto ecológico – protege os animais todos, colocando-os a salvo de maus tratos e crueldades, direito esse projetado no âmbito constitucional. Não se pode aceitar, em hipótese alguma, a vigência de normas jurídicas ou sanitárias que contrariem o preceito magno que veda a crueldade para com os animais. O que se vê, em meio à sociedade globalizada pela indiferença, é um autêntico massacre consentido, em que a essência de determinadas leis relacionadas a animais acabou contaminada pela insana lógica capitalista perante a qual seres vivos transformam-se em carcaças, a Moral sucumbe e o Direito se torna injusto.[179]
> Considerados em si mesmos, os animais, plantas e coisas inanimadas não são sujeitos de direitos ou deveres, pois não são suscetíveis a valor ou ética. Se existem obrigações dos homens em relação à preservação de animais e plantas, e até em relação aos seres inanimados, não é porque estes tenham direitos, mas porque existem homens que, estes sim, têm noção de valoração ética, e, estes sim, individual ou coletivamente considerados, têm direitos e deveres, inclusive no que diz respeito às demais formas de vida e à preservação do meio ambiente em que vivem, incluindo os seres inanimados. Se os animais tivessem direitos, deveríamos supor que eles os teriam mesmo que não houvesse homens, o que não seria verdade.[180]

Para resolver a contradição de modo a respeitar ambos os direitos, a autora sugere o uso dos critérios de razoabilidade e proporcionalidade, para que, mesmo que um dos direitos seja restringido, não haja a sua total supressão, haja vista que o princípio da razoabilidade é a melhor forma de se dirimir conflitos entre valores jurídicos. [181]

Para a autora, a resolução dessa colisão de princípios e valores jurídicos deve ser solucionada pela ponderação e pela solução mais razoável, levando-se em

---

[178] SALES, Elisabete et al. Os cultos religiosos e o sacrifício de animais diante da legislação vigente. **Cadernos de Graduação,** Aracaju, v.1, n. 14, p.115-126, 2012. Disponível em: <https://periodicos.set.edu.br/index.php/cadernohumanas/article/view/144/146>. Acesso em: 22 nov. 2017.

[179] LEVAI, Laerte Fernando. Crueldade consentida: a violência humana contra os animais e o papel do ministério público no combate à tortura institucionalizada. **Agência de Notícias de Direitos Animais,** São Paulo, 13 de abril de 2010. Disponível em: <https://www.anda.jor.br/2010/04/crueldade-consentida-a-violencia-humana-contra-os-animais-e-o-papel-do-ministerio-publico-no-combate-a-tortura-institucionalizada/>. Acesso em: 22 nov. 2017.

[180] MAZZILI, Hugo Nigro. **A Defesa dos Interesses Difusos em Juízo**: meio ambiente, consumidor, patrimônio cultural, patrimônio público e outros interesses. 20. ed. São Paulo: Saraiva, 2007. p. 152.

[181] SALES, Elisabete et al. Os cultos religiosos e o sacrifício de animais diante da legislação vigente. **Cadernos de Graduação,** Aracaju, v.1, n. 14, p.115-126, 2012. Disponível em: <https://periodicos.set.edu.br/index.php/cadernohumanas/article/view/144/146>. Acesso em: 22 nov. 2017.

conta as particularidades do caso concreto, como os fatores sociais, econômicos, culturais, entre outros que impeçam as injustiças cometidas por uma interpretação estritamente legalista. [182]

Na conclusão, a autora sepulta a ideia de que a liberdade de crença, neste caso, deve prevalecer, à medida que é direito fundamental inserido no rol do art. 5º da Constituição Federal, porém, completa que não deve ser absoluta, faltando, segundo ela, a imposição de uma regularização que envolva a integridade física, psicológica e a vida de todos que fazem parte dos cultos religiosos. [183]

Não se pode deixar de citar neste estudo o professor Weingartner Neto,[184] o qual discorreu brilhantemente sobre o tema e o ilustra com o caso do açougueiro turco de Essen, no qual o Tribunal Constitucional Alemão decidiu pela prevalência do direito à liberdade religiosa no caso de um açougueiro muçulmano que sacrificava os animais sem aturdi-los previamente, descumprindo dispositivos da Lei Alemã para Proteção dos Animais, seguindo o que preconiza sua crença. [185]

No caso, a Corte Alemã entendeu que a degola, neste caso, não era só um meio de vender e prover carne para os clientes muçulmanos do açougueiro, mas também para ele próprio. A sentença do caso fundamentou que era "uma atitude fundamentalmente religiosa, que inclui os crentes sunitas muçulmanos e os obriga a sacrificar os animais como ordenam as regras de sua religião". [186]

O autor também citou o caso da ADIN nº 70010129690,[187] a qual já foi tratada neste estudo e concluiu referindo que, da mesma forma que a Corte Alemã, utilizou-se do princípio da proporcionalidade. Também estabeleceu que para o uso do

---

[182] SALES, Elisabete et al. Os cultos religiosos e o sacrifício de animais diante da legislação vigente. **Cadernos de Graduação,** Aracaju, v.1, n. 14, p.115-126, 2012. Disponível em: <https://periodicos.set.edu.br/index.php/cadernohumanas/article/view/144/146>. Acesso em: 22 nov. 2017.

[183] SALES, Elisabete et al. Os cultos religiosos e o sacrifício de animais diante da legislação vigente. **Cadernos de Graduação,** Aracaju, v.1, n. 14, p.115-126, 2012. Disponível em: <https://periodicos.set.edu.br/index.php/cadernohumanas/article/view/144/146>. Acesso em: 22 nov. 2017.

[184] WEINGARTNER NETO, Jayme. Entre anjos e macacos: a prática humana do sacrifício ritual de animais. In: STEIMETZ, Wilson; AUGUSTIN, Sérgio. (Org.). **Direito constitucional do ambiente.** Caxias do Sul: EDUCS, p. 87-107, 2011.

[185] WEINGARTNER NETO, Jayme. Entre anjos e macacos: a prática humana do sacrifício ritual de animais. In: STEIMETZ, Wilson; AUGUSTIN, Sérgio. (Org.). **Direito constitucional do ambiente.** Caxias do Sul: EDUCS, p. 87-107, 2011.

[186] WEINGARTNER NETO, Jayme. Entre anjos e macacos: a prática humana do sacrifício ritual de animais. In: STEIMETZ, Wilson; AUGUSTIN, Sérgio. (Org.). **Direito constitucional do ambiente.** Caxias do Sul: EDUCS, p. 87-107, 2011.

[187] ESTADO DO RIO GRANDE DO SUL. Tribunal de Justiça do Estado do Rio Grande do Sul. **Ação Direta de Inconstitucionalidade 70010129690,** do Tribunal Pleno do Tribunal de Justiça. Proponente: Procurador Geral de Justiça. Requerido: Assembleia Legislativa do Estado do Rio Grande do Sul. Relator: Des. Araken de Assis. Porto Alegre, 18 abr. 2005. Disponível em: <http://www.tjrs.jus.br/site_php/consulta/download/exibe_documento.php? numero_processo=70010129690&ano=2005&codigo=339852>. Acesso em: 13 nov. 2017.

referido princípio é preciso considerar as tensões do caso concreto e, neste caso, o fato de que proibir a utilização do sacrifício animal em rituais religiosos seria erodir o conteúdo essencial da religião professada por significativa parcela de brasileiras, o que, segundo Weingartner, seria inconstitucional.[188]

Somado a isso, o professor lembra outro argumento já trazido à tona diversas vezes no que diz respeito à questão: a discriminação às religiões das minorias, muitas vezes mascarado por uma falsa preocupação com a tutela dos animais.[189]

Por fim, o autor opina sobre o possível conflito entre direitos e afirma haver, ao menos, um conflito potencial, entre a liberdade religiosa e a tutela do meio ambiente. Para o autor, a cultura é conceito jurídico dotado de autonomia e, no caso, joga a favor da prevalência do sacrifício ritual dos animais pelas religiões afro-brasileiras, visto que, em face do componente cultural, o Estado protegerá as manifestações das culturas afro-brasileiras, o que, segundo ele, pode ser igualmente cogitado na consideração da contribuição religiosa ao patrimônio cultural brasileiro, diante dos traços portadores de referência à identidade e à memória de um dos grupos formadores da sociedade brasileira. Ainda, o autor, ao final, dá ao direito a tarefa árdua de compatibilizar a eterna procura do ser humano por sua essência com a difícil tarefa de efetivar um diálogo entre a liberdade religiosa e a tutela ambiental.[190]

O que se pode analisar através destes diversos estudiosos do tema é que, indubitavelmente, trata-se de assunto complexo e de extrema delicadeza, pois lida-se com algo essencial ao ser humano e que, inclusive, auxilia sua identificação no mundo, não podendo ser tolhido nem negligenciado sem uma boa razão para tanto.

Da análise dos escritos de todos os estudiosos citados, resta a certeza de que o uso de animais em rituais religiosos, considerando a realidade brasileira, seu ordenamento jurídico, a pluralidade de religiões e ritos, é algo que não pode ser simplesmente proibido ou negado, sob pena de se cometer um grave afronte aos princípios da tolerância, da não discriminação e da dignidade da pessoa humana.

Isto porque não se pode deixar de considerar o histórico de opressão e marginalização das religiões praticantes destes rituais, oriundas da África e vistas,

---

[188] WEINGARTNER NETO, Jayme. *Entre anjos e macacos: a prática humana do sacrifício ritual de animais*. In: STEIMETZ, Wilson; AUGUSTIN, Sérgio. (Org.). **Direito constitucional do ambiente.** Caxias do Sul: EDUCS, p. 87-107, 2011.

[189] WEINGARTNER NETO, Jayme. *Entre anjos e macacos: a prática humana do sacrifício ritual de animais*. In: STEIMETZ, Wilson; AUGUSTIN, Sérgio. (Org.). **Direito constitucional do ambiente.** Caxias do Sul: EDUCS, p. 87-107, 2011.

[190] WEINGARTNER NETO, Jayme. *Entre anjos e macacos: a prática humana do sacrifício ritual de animais*. In: STEIMETZ, Wilson; AUGUSTIN, Sérgio. (Org.). **Direito constitucional do ambiente.** Caxias do Sul: EDUCS, p. 87-107, 2011.

ainda na atual conjuntura, como arcaicas e primitivas, por terem sido trazidas pelos escravos que aqui viveram.

Por outro lado, há a necessidade de se tutelar a dignidade animal, visto que tutelar a vida, sem a alteração do paradigma que vivemos hoje e que considera os animais ainda com olhos privatistas do direito romano, como objeto a serviço do homem, seria uma incoerência levando-se em conta o abate de animais para consumo, para a indústria têxtil, sem falar na crueldade dos testes em animais que ainda ocorrem em solo brasileiro.

Quanto ao aparente conflito entre a dignidade animal e a liberdade de crença, este é justamente aparente porque, em verdade, não há uma tutela digna aos animais que possa colocá-lo em pé de igualdade com a liberdade religiosa. Embora o artigo 225 da Constituição Federal preveja a vedação aos maus tratos, tal prerrogativa está longe de garantir o direito à vida aos animais, apenas veda a crueldade e, como conseguimos observar neste estudo, ela não está presente nos rituais religiosos do sacrifício, uma vez que o animal é aturdido e não sofre.[191]

Assim, embora tal conflito pareça ocorrer, o que na verdade existe é uma sobreposição de direitos, de forma que um prevalece sobre o outro: a liberdade de crença é vista como prevalente sobre o direito à vida animal.

---

[191] BRASIL. Constituição da República Federativa do Brasil de 1988. **Diário Oficial da União**, Brasília, DF, 5 out. 1988. Disponível em: <http://www.planalto.gov.br/ccivil_03/constituicao/constituicaocompilado.htm>. Acesso em: 12 nov. 2017.

CONCLUSÃO

No presente trabalho, restou claro que a dignidade animal e a liberdade religiosa podem vir a colidir quando se trata da prática do abate ritualístico, o chamado sacrifício.

Ao longo do estudo, pode-se analisar que para que se possa solucionar este aparente embate é necessário o uso dos princípios da ponderação e da razoabilidade, a fim de se encontrar a melhor resposta, levando-se em conta as particularidades do caso concreto.

Do ponto de vista da Constituição Federal, o art. 5º, inciso VI, garante a liberdade de crença, tratando-a como direito fundamental e basilar para a concretude do Estado Democrático de Direito.

A nossa Magna Carta também garante a proteção aos animais em seu artigo 225, parágrafo primeiro, inciso VII, prevendo que é vedada a prática de maus tratos e crueldade, embora tenha incluído a previsão em capítulo sobre o meio ambiente, o que ainda demonstra a pouca evolução do legislador no que se refere ao reconhecimento dos animais não humanos como seres detentores de direitos por si só, sem que sejam atrelados ao meio ambiente e vistos como meros recursos naturais.

Como foi demonstrado nesse estudo, não se pode considerar o abate ritualístico como prática de maus tratos, se seguidos os parâmetros mínimos de respeito ao animal, com a sua imolação ou atordoamento posterior, para que o animal não sofra nem sinta dor.

Embora a teoria do direito dos animais e os animalistas defendam uma proteção efetiva à vida animal, infelizmente, nosso ordenamento não a protege, garantindo apenas sua dignidade. Desta forma, condenar o sacrifício animal devido à consequente morte do animal seria, no mínimo, contraditório ao se considerar a quantidade de animais mortos todos os dias em matadouros para o consumo humano.

Ainda, outro fator importante é a necessidade de se enxergar a marginalização das religiões africanas, o contexto histórico de opressão a seus ritos e a sua existência, o caráter evidentemente discriminatório de muitas manifestações que, mascaradamente, buscam apenas segregar seus praticantes.

Porém, admitir que, no atual momento e conjuntura em que se está, não é possível considerar o sacrifício animal um afronte a sua dignidade, não é o mesmo que conformar-se com o tratamento que nosso ordenamento dá aos animais atualmente, que ainda é irrisório e baseado no paradigma antropocêntrico.

Mesmo que não se possa afirmar que os rituais de sacrifício são inconstitucionais, lesivos ou confrontantes com a previsão do art. 225, é dever de quem acredita na dor e na sensibilidade animal lutar para que minimamente estes seres possam ser vistos como merecedores de maiores direitos e garantias do que os atualmente definidos.

E, para isso, o Judiciário tem um papel extremamente importante, considerando que é garantidor de direitos e que pode começar a transformação e a destruição do paradigma antropocêntrico e egoístico, que vê os animais como meros objetos a serviço do homem.

Ademais, o fato de sermos seres conscientes e "inteligentes" não pode ser visto como uma justificativa para nos apropriarmos e subjugarmos os animais não-humanos como subservientes e fonte de satisfação de nossas necessidades, pelo contrário, é motivo para encararmos a proteção animal como um dever social, moral, ético decorrente de nossas capacidades.

Só nos resta lutar e torcer para que o espírito egoístico e privatista que permeia nossa sociedade atualmente possa ser sensibilizado no futuro, para que se possa considerar os animais como seres sencientes, que também sentem e sofrem.

Voltaire resume muito bem o que ainda é preciso, enquanto sociedade, entender para que se possa, futuramente, mudar o paradigma atual de visão dos animais como meros objetos:

> É preciso, penso eu, ter renunciado à luz natural, para ousar afirmar que os animais são somente máquinas. Há uma contradição manifesta em admitir que Deus deu aos animais todos os órgãos do sentimento e em sustentar que não lhes deu sentimento.
> Parece-me também que é preciso não ter jamais observado os animais para não distinguir neles as diferentes vozes da necessidade, da alegria, do temor, do amor, da cólera e de todos os seus afetos; seria muito estranho que exprimissem tão bem o que não sentem.[192]

Enquanto não se mudar o entendimento com relação à natureza dos animais, seus sentimentos e dores, resta que o Poder Judiciário, à luz da Constituição e respeitando os princípios norteadores do Estado Democrático de Direito, no enfrentamento do caso concreto, utilize critérios mínimos de ponderação, respeitando a dignidade animal – esta garantida- e impedindo que a prática do sacrifício cause sofrimento.

---

[192] VOLTAIRE apud LEVAI, Laerte Fernando. **Direito dos animais**. 2.ed. Campos do Jordão: Mantiqueira, 2004. p. 139.

REFERÊNCIAS

BARROS, Resende de. **Noções sobre gerações de direitos**. [S.l.], 2010. Disponível em: <http://www.srbarros.com.br/pt/nocoes-sobre-geracoes-de-direitos.cont >. Acesso em: 19 nov. 2017.

BASTOS, Celso Ribeiro; MARTINS, Ives Gandra da Silva. Comentários à Constituição do Brasil: promulgada em 5 de outubro de 1988. 3 ed. São Paulo: Saraiva, 2004.

BENTHAM, Jeremy. **An introduction to the principles of morals and legislation**. Londres: W. Pickering, 1823. Disponível em: <https://www.utilitarianism.com/jeremy-bentham/index.html >. Acesso em: 20 out. 2017.

BÍBLIA. Português. **Bíblia Sagrada.** Tradução Conferência Nacional dos Bispos do Brasil. São Paulo, SP: Loyola, 2001.

BISCONTINI, Giorgio. Bem-estar dos animais não humanos e abates ritualísticos: liberdade religiosa e limite do bom-costume. **Revista do Programa de Pós-Graduação em Direito**, Universidade Federal da Bahia, v. 25, n. 27, p. 315-360, 2015. Disponível em: <https://portalseer.ufba.br/index.php/rppgd/article/view/15223>. Acesso em: 22 nov. 2017.

BRASIL. Câmara dos Deputados. Proclamada pela Assembléia Geral das Nações Unidas a 25 de novembro de 1981 - Resolução 36/55. Declaração sobre a Eliminação de Todas as Formas de Intolerância e Discriminação Fundadas na Religião ou nas Convicções. **Diário Oficial da União,** Brasília, DF, 25 nov. 1981. Disponível em: <http://www2.camara.leg.br/atividade-legislativa/comissoes/comissoes-permanentes/cdhm/comite-brasileiro-de-direitos-humanos-e-politica-externa/DecElimFormIntDisc.html>. Acesso em: 12 nov. 2017.

BRASIL. Constituição da República Federativa do Brasil de 1988. **Diário Oficial da União,** Brasília, DF, 5 out. 1988. Disponível em: <http://www.planalto.gov.br/ccivil_03/constituicao/constituicaocompilado.htm>. Acesso em: 12 nov. 2017.

BRASIL. Decreto nº. 43.252, de 24 de fevereiro de 1958. Autoriza o cidadão brasileiro José Marcelino de Oliveira a lavrar caulim e associados no município de Parelhas, Estado de Rio Grande do Norte. **Diário Oficial da União,** Brasília, DF, 24 fev. 1958. Disponível em: <http://www2.camara.leg.br/legin/fed/decret/1950-1959/decreto-43252-24-fevereiro-1958-382096-publicacaooriginal-1-pe.html>. Acesso em: 12 nov. 2017.

BRASIL. Decreto nº. 592, de 6 de julho de 1992. Atos Internacionais. Pacto Internacional sobre Direitos Civis e Políticos. Promulgação. **Diário Oficial da União,** Brasília, DF, 6 jul. 1992. Disponível em: <http://www.planalto.gov.br/ccivil_03/decreto/1990-1994/d0592.htm>. Acesso em: 12 nov. 2017.

BRASIL. Lei nº 4.898, de 9 de dezembro de 1965. Regula o Direito de Representação e o processo de Responsabilidade Administrativa Civil e Penal, nos casos de abuso de autoridade. **Diário Oficial da União**, Brasília, DF, 9 dez. 1965. Disponível em: <http://www.planalto.gov.br/ccivil_03/leis/L4898.htm>. Acesso em: 12 nov. 2017.

BRASIL. Lei nº 7.716, de 5 de janeiro de 1989. Define os crimes resultantes de preconceito de raça ou de cor. **Diário Oficial da União**, Brasília, DF, 5 jan. 1989. Disponível em: <http://www.planalto.gov.br/ccivil_03/leis/L7716.htm>. Acesso em: 12 nov. 2017.

BRASIL. Lei nº 9.394, de 20 de dezembro de 1996. Estabelece as diretrizes e bases da educação nacional. **Diário Oficial da União,** Brasília, DF, 20 dez. 1996. Disponível em: <http://www.planalto.gov.br/ccivil_03/leis/L9394.htm>. Acesso em: 12 nov. 2017.

BRASIL. Supremo Tribunal Federal. **Ação Direta de Inconstitucionalidade 1.856-6 do Tribunal Pleno do Supremo Tribunal Federal**, Brasília, DF, 3 set. 1998. Disponível em: <http://redir.stf.jus.br/paginadorpub/paginador.jsp?docTP=AC&docID=347302 >. Acesso em: 19 nov. 2017.

BRASIL. Supremo Tribunal Federal. **Recurso Extraordinário 153.531-8 da 2ª Turma do Supremo Tribunal Federal**, Brasília, DF, 3 jun. 1997. Disponível em: <http://redir.stf.jus.br/paginadorpub/paginador.jsp?docTP=AC&docID=211500>. Acesso em: 19 nov. 2017.

BRAZ, Laura Cecília Fagundes Dos Santos; SILVA, Tagore Trajano de Almeida. O processo de coisificação animal decorrente da teoria contratualista racionalista e a necessária ascensão de um novo paradigma. **Revista Brasileira de Direito**, v. 11, n. 2, p. 44-52, 2015. Disponível em: <https://seer.imed.edu.br/index.php/revistadedireito/article/view/985>. Acesso em: 10 nov.2017.

CIDH. **Convenção Americana sobre Direitos Humanos.** Comissão Interamericana sobre Direitos Humanos. San José, Costa Rica, 22 nov. 1969. Disponível em: <http://www.cidh.oas.org/basicos/portugues/c.convencao_americana.htm>. Acesso em: 12 nov. 2017.

CURY, Carolina Maria Nasser. Direitos Dos Animais: Análise de Teorias sob o Enfoque Pragmatista. **Revista Eletrônica do Curso de Direito**, PUC Minas Serro, n. 3, p. 154-173, 2011. Disponível em: <http://periodicos.pucminas.br/index.php/DireitoSerro/article/view/2001/2172>. Acesso em: 22 nov. 2017.

DELANEY, C. F. (Ed.). **Rationality and Religious Belief**. n. 1. Notre Dame: University of Notre Dame Press, 1979. (Série University of Notre Dame studies in the philosophy of religion).

DIAS, Edna Cardoso. A defesa dos animais e as conquistas legislativas do movimento de proteção animal no Brasil. **Revista Brasileira de Direito Animal,**

Salvador, v. 2, n. 2, p. 149-168, 2007. Disponível em: <http://www.portalseer.ufba.br/index.php/RBDA/article/view/10297/7357>. Acesso em: 22 nov. 2017.

DIAS, Edna Cardozo. **A tutela jurídica dos animais**. 1. ed. Belo Horizonte: Mandamentos, 2000.

DIRECTION Action everywhere. A Deadly Feast. **Where does the "humane" turkey really come from?** Disponível em: <https://www.directactioneverywhere.com/deadly-feast>. Acesso em: 10 nov. 2017.

DOVAL, Lenize Maria Soares. **Direitos dos animais:** uma abordagem histórico-filosófica e a percepção de bem-estar animal. 2008, 100 f. Monografia (bacharelado) – Universidade Federal do Rio Grande do Sul, Graduação em Medicina Veterinária. Porto Alegre, 2008. Disponível em: <http://www.lume.ufrgs.br/bitstream/handle/10183/16438/000661804.pdf?sequence=1>. Acesso em: 10 nov. 2017.

DUFOUR, D. Os mistérios da trindade. Rio de Janeiro: Companhia de Freud, 2000. ESTADO DO RIO GRANDE DO SUL. Tribunal de Justiça do Estado do Rio Grande do Sul. **Ação Direta de Inconstitucionalidade 70010129690**, do Tribunal Pleno do Tribunal de Justiça. Proponente: Procurador Geral de Justiça. Requerido: Assembleia Legislativa do Estado do Rio Grande do Sul. Relator: Des. Araken de Assis. Porto Alegre, 18 abr. 2005. Disponível em: <http://www.tjrs.jus.br/site_php/consulta/download/exibe_documento.php?numero_processo=70010129690&ano=2005&codigo=339852>. Acesso em: 13 nov. 2017.

ESTADOS UNIDOS DA AMÉRICA. **A Constituição dos Estados Unidos da América.** Pensilvânia, Filadélfia, 17 de setembro de 1787. Disponível em: <http://www.braziliantranslated.com/euacon01.html>. Acesso em: 12 nov. 2017.

FILIPE, Sonia T. Antropocentrismo, sencientismo e biocentrismo: perspectivas éticas abolicionistas, bem-estaristas e conservadoras e o estatuto de animais não-humanos. **Revista Páginas de Filosofia,** v. 1, n.1, p.2-30, 2009. Disponível em: <https://www.metodista.br/revistas/revistas-ims/index.php/PF/article/view/864/1168>. Acesso em: 22 nov. 2017.

FRANCIONE, Gary L. **Introduction to animal rights:** Your child ou the dog? Philadelphia, Temple University Press, 2000.

GABINETE DE DOCUMENTAÇÃO E DIREITO COMPARADO. **Direitos Humanos.** Declaração sobre os direitos das pessoas pertencentes a minorias nacionais ou étnicas, religiosas e linguísticas. Adoptada pela Assembleia Geral das Nações Unidas na sua resolução 47/135, de 18 de dezembro de 1992. Disponível em: <http://direitoshumanos.gddc.pt/3_2/IIIPAG3_2_10.htm>. Acesso em: 13 nov. 2017.

GOVERNO DO ESTADO DE SÃO PAULO. Normativa SDA - 3, de 17/01/2000. Aprovar o regulamento técnico de métodos de insensibilização para o abate humanitário de animais de açougue. Secretaria de Agricultura e Abastecimento.

Coordenadoria de Defesa Agropecuária. **Dário Oficial do Estado de São Paulo**, São Paulo, 24 jan. 2000. Disponível em: <https://www.defesa.agricultura.sp.gov.br/legislacoes/instrucao-normativa-sda-3-de-17-01-2000,661.html>. Acesso em: 12 nov. 2017.

LAVAI, Laerte Fernando. Crueldade consentida: a violência humana contra os animais e o papel do ministério público no combate à tortura institucionalizada. **Agência de Notícias de Direitos Animais**, São Paulo, 13 de abril de 2010. Disponível em: <https://www.anda.jor.br/2010/04/crueldade-consentida-a-violencia-humana-contra-os-animais-e-o-papel-do-ministerio-publico-no-combate-a-tortura-institucionalizada/>. Acesso em: 22 nov. 2017.

LEITE, Fábio Carvalho. A liberdade de crença e o sacrifício de animais em cultos religiosos. **Veredas do Direito,** Belo Horizonte, v. 10, n. 20, p. 163-177, 2013. Disponível em: <http://www.egov.ufsc.br/portal/sites/default/files/liberdade_de_crenca_e_o_sacrificio_de_animais_em_cultos_religiosos.pdf>. Acesso em: 22 nov. 2017.

LEVAI, Fernando Laerte. A Luta pelos direitos animais no Brasil: Passos Para o futuro. **Revista Brasileira de Direito Animal,** v. 7, n. 10, p. 175-187, 2012. Disponível em: <https://portalseer.ufba.br/index.php/RBDA/article/view/8402>. Acesso em: 10 nov. 2017.

LEVAI, Laerte Fernando. **Direito dos animais**. 2.ed. Campos do Jordão: Mantiqueira, 2004.

LEVAI, Laerte. **Os animais sob a visão da ética.** São José dos Campos, [20-?]. Disponível em: <http://www.mp.go.gov.br/portalweb/hp/9/docs/os__animais__sob__a__visao__da__etica.pdf>. Acesso em: 22 nov. 2017.

MAFFEI, Maria Clara. Il potenziale conflitto fra tutela della diversità culturale e tutela delle specie e degli animali. **Rivista Giuridica Dell'Ambiente,** v. 1, p. 193-242, 2008. Disponível em: <https://air.unipr.it/handle/11381/1924055?mode=full.61#.WhxuA0pKvlU>. Acesso em: 22 nov. 2017.

MALINOWSKI, Bronislaw. **Argonautas do pacífico ocidental.** 2. ed. São Paulo: Abril Cultural, 1978.

MAUSS, Marcel. O ensaio sobre a dádiva. In: **Sociologia e Antropologia.** São Paulo: EDUSP, 1974.

MAUSS, Marcel; HUBERT, Henri. Ensaio Sobre a Natureza e a Função do Sacrifício. In: **Ensaios de Sociologia**. São Paulo: EDUSP, 1974.

MAZZILI, Hugo Nigro. **A Defesa dos Interesses Difusos em Juízo:** meio ambiente, consumidor, patrimônio cultural, patrimônio público e outros interesses. 20. ed. São Paulo: Saraiva, 2007.

MEDEIROS, Fernanda Luiza Fontoura de. **Princípio da dignidade da vida para além do animal humano:** um dever fundamental de proteção. 2009. 142 f. Tese (Doutorado em Direito) - Universidade Federal de Santa Catarina, Centro de Ciências Jurídicas, Programa de Pós-Graduação em Direito, Florianópolis, 2009. Disponível em: <http://repositorio.ufsc.br/xmlui/handle/123456789/92358>. Acesso em: 22 nov. 2017.

MENDES, Gilmar Ferreira; COELHO, Inocêncio Mártires; BRANCO, Paulo Gustavo Gonet. Curso de direito constitucional. 3 ed. São Paulo: Saraiva, 2008.

MIRANDA, Jorge. A liberdade religiosa em Portugal e o anteprojeto de 1997. **Direito e Justiça**, Revista da Faculdade de Direito da Pontifícia Universidade Católica do Rio Grande do Sul. EDIPUCRS, v. 21, a. XXII, p. 167-187, 2000.

MIRANDA, Jorge. **Manual de direito constitucional**. 3. ed. Coimbra: Coimbra Editora, 2000.

MIRANDA, Pontes de. **Comentários à constituição de 1967**. Tomo V. São Paulo: Revista dos Tribunais, 1967.

NOGUEIRA, Paulo Lúcio. **Contravenções Penais Controvertidas.** 5. ed. São Paulo. Editora Leud, 1996.

OLIVEIRA, Ilzver de Matos; SILVA, Tagore Trajano de Almeida; LIMA, Kellen. A imolação nas liturgias de matriz africana: reflexões sobre colisão entre liberdade religiosa e proteção dos direitos dos animais não-humanos. **Revista do Programa de Pós Graduação em Direito,** Universidade Federal da Bahia v. 25, n. 27, p. 285-314, 2015. Disponível em: <https://portalseer.ufba.br/index.php/rppgd/article/view/15216/10374>. Acesso em: 22 nov. 2017.

PALAR, Juliana Vargas; RODRIGUES, Nina Trícia Disconzi; CARDOSO, Waleska Mendes. A vedação da crueldade para com os animais não humanos à luz da interpretação constitucional. **Revista de Direito Brasileira**, v. 16, n. 7, p. 305-345, 2017. Disponível em: <http://www.rdb.org.br/ojs/index.php/rdb/article/view/544>. Acesso em: 22 nov. 2017.

PASSALACQUA, Gabriela Palhares. Estado e Religião na Constituição Brasileira de 1988. In: SEMINÁRIO DE INICIAÇÃO CIENTÍFICA, 14., 2006. Rio de Janeiro. **Anais...** Rio de Janeiro: PUC-Rio, 2008. Disponível em: <http://www.puc-rio.br/pibic/relatorio_resumo2006/relatorio/CCS/Dir/DIR_09_Gabriela_Palhares%20.pdf>. Acesso em: 12 nov. 2017.

REGAN, Tom. **Jaulas vazias:** Encarando o Desafio dos Direitos Animais. 1. ed. São Paulo: Lugano Editora, 2006.

RIO GRANDE DO SUL. Lei n. 12.131, de 23 de julho de 2004. Acrescenta parágrafo único ao artigo 2º da Lei nº 11.915, de 21 de maio de 2003, que institui o Código Estadual de Proteção aos Animais, no âmbito do Estado do Rio Grande do Sul. **Diário Oficial do Estado do Rio Grande do Sul**, Porto Alegre, 22 jun. 2004.

Disponível em: <http://www.al.rs.gov.br/filerepository/repLegis/arquivos/12.131.pdf>.
Acesso em: 12 nov. 2017.

ROBERT, Yannick Yves Andrade; PLASTINO, Carlos Alberto; LEITE, Fábio Carvalho.
Sacrifício de animais em rituais de religiões de matriz africanas. In: SEMINÁRIO DE
INICIAÇÃO CIENTÍFICA, 16., 2008. Rio de Janeiro. **Anais...** Rio de Janeiro: PUC-
Rio, 2008. Disponível em: <http://www.puc-
rio.br/pibic/relatorio_resumo2008/relatorios/ccs/dir/yannick_yves_andrade_robert.pdf
>. Acesso em: 12 nov. 2017.

ROGÉRIO, Janecleia Pereira. **Se não há sacrifício, não há religião.** Se não há
sangue, não há xangô: um estudo do sacrifício no Palácio de Iemanjá. 2008, 148 f.
Dissertação (Mestrado em Antropologia) – Universidade Federal de Pernambuco.
Pernambuco, 2008. Disponível em:
<http://repositorio.ufpe.br/bitstream/handle/123456789/567/arquivo1072_1.pdf?
sequence=1&isAllowed=y >. Acesso em: 10 nov. 2017.

SALES, Elisabete et al. Os cultos religiosos e o sacrifício de animais diante da
legislação vigente. **Cadernos de Graduação,** Aracaju, v.1, n. 14, p.115-126, 2012.
Disponível em:
<https://periodicos.set.edu.br/index.php/cadernohumanas/article/view/144/146>.
Acesso em: 22 nov. 2017.

SILVA, José Afonso. **Curso de direito constitucional positivo.** 21. ed. São Paulo:
Malheiros, 2002.

SILVA, Reinaldo Pereira e. A teoria dos direitos fundamentais e o ambiente natural
como prerrogativa humana individual. **Anuario de derecho constitucional latino-
americano**, Buenos Aires, v. 13, n. 2, p. 545–569, 2007. Disponível em:
<https://revistas-colaboracion.juridicas.unam.mx/index.php/anuario-derecho-
constitucional/article/download/30389/27428>. Acesso em: 14 nov. 2017.

SILVA, Tagore Trajano de Almeida. Direito animal e os paradigmas de Thomas Kuhn
1,2 Reforma ou revolução científica na teoria do direito? **Revista Brasileira de
Direito Animal**, Bahia, v. 2, n. 3, p. 239-269, 2007. Disponível em: <
https://portalseer.ufba.br/index.php/RBDA/article/view/10365/7427>. Acesso em: 14
nov. 2017.

SILVA. Tagore Trajano de Almeida. Teoria da constituição: direito animal e pós-
humanismo. **RIDB,** a. 2, n. 10, p. 11683-11731, 2013. Disponível em:
<http://www.cidp.pt/publicacoes/revistas/ridb/2013/10/2013_10_11683_11731.pdf>.
Acesso em: 10 nov. 2017.

SORIANO, Aldir Guedes. **Liberdade religiosa no direito constitucional e
Internacional.** São Paulo: Editora Juarez de Oliveira, 2002.
SUSTEIN, Cass. R.; NUSSBAUM, Martha C. **Animal rights.** Current Debates and
New Directions. Oxfort University Press, 2004.

TERAOKA, Thiago Massao Cortizo. **A Liberdade Religiosa no Direito
Constitucional Brasileiro.** 2010, 282 f. Tese (Doutorado em Direito) – Faculdade de

Direito da Universidade de São Paulo. São Paulo, 2010. Disponível em:
<http://www.teses.usp.br/teses/disponiveis/2/2134/tde-21062011-
095023/publico/liberdade_religiosa_completa.pdf>. Acesso em: 10 nov. 2017.

UDHR - The Universal Declaration of Human Rights. **Declaração Universal dos
Direitos Humanos.** Assembléia Geral das Nações Unidas (resolução 217 A III), 10
de dezembro 1948. Disponível em:
<http://www.ohchr.org/EN/UDHR/Documents/UDHR_Translations/por.pdf>. Acesso
em: 12 nov. 2017.

UNESCO. **Declaração de Princípios sobre a Tolerância.** São Paulo: Universidade
de São Paulo, jun. 1997. Disponível em:
<http://unesdoc.unesco.org/images/0013/001315/131524porb.pdf>. Acesso em: 12
nov. 2017.

UNITED STATES OF AMERICA. United States Supreme Court. **Church of the
Lukumi Babalu Aye, Inc. v. Hialeah.** Estados Unidos da América, 11 jun. 1993.
Disponível em: < https://supreme.justia.com/cases/federal/us/508/520/>. Acesso em:
19 nov. 2017.

WAAL, Frans de. Comportamento moral em animais. **TED Talks.** Disponível em:
<https://www.ted.com/talks/frans_de_waal_do_animals_have_morals?language=pt-
br#t-950170>. Acesso em: 22 nov. 2017.

WAAL, Frans de. **Eu, primata:** porque somos o que somos. 1. ed. São Paulo:
Companhia das Letras, 2007.

WEINGARTNER NETO, Jayme. **A Edificação Constitucional do Direito
Fundamental à Liberdade Religiosa**: um feixe Jurídico entre a Inclusividade e o
Fundamentalismo. 2006, 576 f. Tese (Doutorado em Direito) – Pontifícia
Universidade Católica do Rio Grande do Sul. Porto Alegre, 2006. Disponível em:
<http://tede2.pucrs.br/tede2/bitstream/tede/4285/1/383314.pdf>. Acesso em: 10 nov.
2017.

WEINGARTNER NETO, Jayme. Entre anjos e macacos: a prática humana do
sacrifício ritual de animais. In: STEIMETZ, Wilson; AUGUSTIN, Sérgio. (Org.).
Direito constitucional do ambiente. Caxias do Sul: EDUCS, p. 87-107, 2011.